勝てるアスリートの身体を作る栄養学と食事術

監修
石川三知

著
阿部菜奈子

JN072995

マイナビ

はじめに

進化する身体だからこそ、日々の積み重ねを大切に。

この本を手にとって頂きありがとうございます。

私たちは、これまでにさまざまな競技のアスリートを食事と栄養面からサポートする機会に恵まれてきました。そして選手はもちろん、彼ら彼女らを支える指導者や保護者、コーチやトレーナーの方々からも、たくさんの気づきを得ることができました。

サポートをしている選手の中には、「体重が増えにくい」「ケガが多い」といった悩みを持っていたり、「もう少し身長がほしい」、そうであれば、もっとよいパフォーマンスが発揮できたのではないかという選手もいます。その改善策を探求していると、やはり発達段階である成長期（主に小学生高学年〜中学生）の大切さに行き着きます。この本では、そうした選手や保護者からの問いにお答えしながら、ジュニア期を豊かに過ごすポイントをまとめました。

2020年2月現在、東京オリンピックの開幕が近づき、各競技でトップアスリートたちがしのぎを削っています。華々しい記録も、タイトルも一日にして、成し得たものではありません。世界の舞台に立つ、彼ら彼女らの活躍の裏には、日々の地道な努力があります。

トップアスリートも、成長期の子どもたちも、私たちも例外なく、「動く」「食べる」「眠る」の3つの要素を重ねて、24時間を過ごしています。つまり、勝てる身体作りのヒントはこの3つの中にしかありません。「食」だけで勝利へ導くことはできませんが、「食」から可能性を広げることはできると思っています。それは、私たちの身体が食べたものからできているからです。今ある身体はこれまで食べてきたものの結果です。過去にさかのぼって塗り替えることはできません。ですが、これからの身体は今日食べたものから作られます。明日の身体がすこし変われば、その先にある身体にはもっと期待できるはずです。そんなワクワクした身体作りに、この本がお役に立てることを願っています。

石川三知・阿部菜奈子

本書の使い方

Part1 押さえておきたい栄養の基礎知識

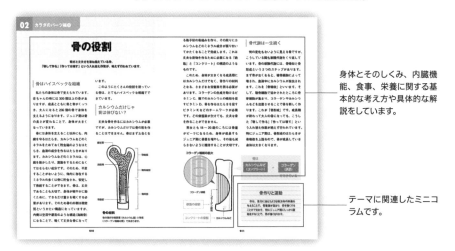

身体とそのしくみ、内臓機能、食事、栄養に関する基本的な考え方や具体的な解説をしています。

テーマに関連したミニコラムです。

Part2 シーン別 食事と栄養の摂り方

タイトルになっている質問を右ページでより詳しく解説しています。

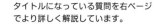

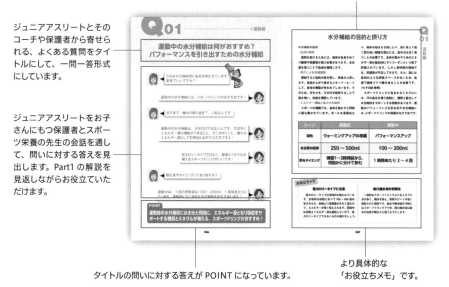

ジュニアアスリートとそのコーチや保護者から寄せられる、よくある質問をタイトルにして、一問一答形式にしています。

ジュニアアスリートをお子さんにもつ保護者とスポーツ栄養の先生の会話を通して、問いに対する答えを見出します。Part1 の解説を見返しながらお役立ていただけます。

タイトルの問いに対する答えが POINT になっています。

より具体的な「お役立ちメモ」です。

Contents

Part1
押さえておきたい
栄養の基本知識

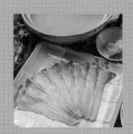

心も身体も毎日のように成長しているジュニアたちにとって、トレーニングと同じぐらい重要になるのが食事です。1日3回食べる食事は、身体を動かすために必要な栄養源です。このパートでは、身体のしくみと食事の基本についてご紹介します。栄養素の役割や身体との関係を理解して、毎日の食事に活かしていきましょう。

細胞は入れ替わっている

私たちの身体は、約37兆個の細胞のかたまりです。明日も今日も身体を維持するために、
細胞は身体のあちこちで、毎日少しずつ生まれ変わっています。

細胞の生まれ変わりは成長のチャンス

私たちの身体は、細胞のかたまりです。体を構成している細胞の数は、約37兆個。皮フも髪の毛も、血液も、心臓も、すべて細胞からできています。

これらの細胞は、それぞれの機能を維持し、常に一定の状態を保つために作り替えられています。身体を構成している細胞のうち約1%が毎日あちらこちらで入れ替わっています。これを新陳代謝といいます。例えば筋肉になるための細胞は、筋肉の形や機能を保つために、24時間休みなく細胞を壊して作るという作業をくり返しています。休みなく同じクオリティの細胞を作り出すことで、私たちは生命を維持しています。特にジュニア期は新陳代謝が活発な時期です。どんな身体が作られるかは、どのような運動の刺激を受け、どう栄養補給（材料の調達）し、作り替える時間（環境）を確保したかで変わります。

DNAに基づいて生まれ変わる

細胞の生まれ変わりには、細胞内にあるDNAという遺伝子が関わっています。遺伝子の情報に基づいて、細胞の形や機能、生まれ変わるタイミングが決められています。

細胞が生まれ変わるサイクルは、身体の部位によって違います。いくつか例をあげると、腸の中にある粘膜は約2日、筋肉は約1ヶ月で60%が入れ替わり、骨は大きさにもよりますが、約3ヶ月で入れ替わります。

組織	日数
小腸ねんまく	約2日
胃	約5日
皮ふ	約1ヶ月
筋肉	約2ヶ月
骨	約3ヶ月
血液	約5ヶ月
関節・軟骨	117年

短いものは数日から年単位まで、サイクルはさまざま。
関節軟骨が自然に治るためには117年もかかるため、
手術をする選手もいます。

人間の行動の三要素

私たちは、「動く、食べる、眠る」という3つの要素を24時間、
くり返すことで、生命活動を維持しています。

「生きる」を構成している3要素

私たちは24時間というサイクルのなかで、「動く」「食べる」「眠る」という3つの要素をくり返しながら、身体を作ったり、生命を維持する活動をしています。これはスポーツをしている子どもたちはもちろん、大人も変わりません。「動く」は、起きている時間のこと。学校で勉強をする時間や元気いっぱい身体を動かしている時間がここに含まれます。「食べる」は、1日3回の食事や補食を食べる時間のこと。また「眠る」は、身体を回復させるために必要な睡眠時間で

す。この3つの要素が連動することで、新陳代謝がスムーズに行われるようになり、思い通りに身体を動かすことができます。

「動く」「食べる」「眠る」の質を高める

ジュニア期はこれから本格化する競技に向けて、土台を整える時期です。そのためには、「動く」・「食べる」・「眠る」の質を高めることが大切です。質を高めるために注意しておきたいことは、各要素が互いを邪魔しないようにすることです。食べてすぐ動くとおなかが痛くなる。食べてすぐに寝てしまうと、翌朝すっきりと目覚められない。といったことが起こります。これではよいパフォーマンスは生まれません。3つの要素がスムーズに連動することが、基本的でとても大切なことです。

栄養摂取や食事の摂り方を工夫して環境を整えることで、それに連動する「動く」「眠る」の質を高めましょう。

「生きる」を構成する3つの要素

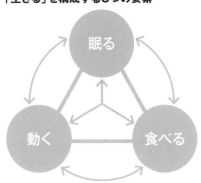

骨の役割

軽さと丈夫さを兼ね備えている骨。
「壊して作る」「作っては壊す」という入れ替え作業が、絶えず行われています。

骨はハイスペックな組織

私たちの身体は骨で支えられています。赤ちゃんの時には300個以上の骨がありますが、成長とともに骨と骨がくっつき、大人になると206個の骨で身体を支えるようになります。ジュニア期は骨の長さが変わることで、身体が大きくなっていきます。

骨には身体を支えること以外にも、内臓を守るはたらき、カルシウムなどのミネラルをためておく貯金箱のようなはたらき、血液の成分を作るはたらきがあります。カルシウムなどのミネラルは、心臓を動かしたり、運動をするためになくてはならない成分です。そのため、不足することがないように、体内に存在するミネラルの多くは骨に貯金され、安定して供給することができます。骨は、丈夫であることも大切で、身体が軽やかに動くために、できるだけ重さを軽くする必要があります。そのため骨の外側は緻密質というかたい構造になっていますが、内側は空洞や網目のような構造(海綿骨)になることで、軽くて丈夫な骨になっています。

このようにたくさんの役割を担っている骨は、とてもハイスペックな組織でできています。

カルシウムだけじゃ背は伸びない?

丈夫な骨を作るにはカルシウムが必要ですが、カルシウムだけでは骨の形を作ることはできません。骨はまず土台とな

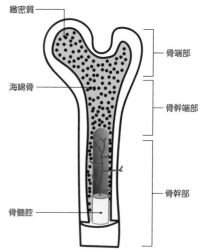

緻密質

骨端部

海綿骨

骨幹端部

骨幹部

骨髄腔

骨の材料
骨の強さは骨密度(カルシウム量)と骨質
(コラーゲン線維の質)で決まります。

る格子状の骨組みを作り、その周りにカルシウムなどのミネラル成分が張り付いてかたくなることで完成します。これは丈夫な建物を作るために必要になる「鉄筋」と「コンクリート」の構造のようなものです。

　このため、身体が大きくなる成長期にはカルシウムだけでなく、骨作りの材料となる、さまざまな栄養素を摂る必要があります。コラーゲンの生成を助けるビタミンC、腸でのカルシウムの吸収を促すビタミンD、骨を作るはたらきを促すビタミンKなどのチームワークが必要です。どの栄養素が欠けても、丈夫な骨を作ることができません。

　男女とも18〜20歳のころには骨量がピークになるため、身体が成長するジュニア期に骨量を増やし、その後も減らさないように維持することが大切です。

骨代謝は一生続く

　何の変化もないように見える骨ですが、こうしている間も新陳代謝をくり返しています。骨の新陳代謝には、骨吸収と骨形成という2つのステップがあります。まず骨が古くなると、破骨細胞によって壊され、血液中にカルシウムが放出されます。これを「骨吸収」といいます。そして、破骨細胞で溶かされたところに骨芽細胞が集まり、コラーゲンやカルシウムなどを沈着させることで骨を新しく作ります。これが「骨形成」です。成長期が終わって大人の骨になっても、こうした「壊して作る」「作っては壊す」という入れ替え作業が絶えず行われています。特にジュニア期は、骨形成のはたらきが骨吸収を上回るので、骨が成長していき身体は大きくなります。

コラーゲン線維の拡大

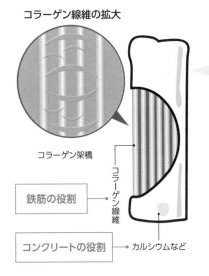

コラーゲン架橋

コラーゲン線維

鉄筋の役割

コンクリートの役割 → カルシウムなど

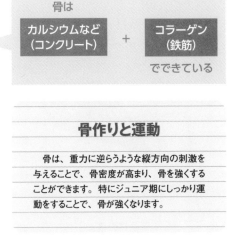

骨は
カルシウムなど（コンクリート）＋コラーゲン（鉄筋）
でできている

骨作りと運動

　骨は、重力に逆らうような縦方向の刺激を与えることで、骨密度が高まり、骨を強くすることができます。特にジュニア期にしっかり運動をすることで、骨が強くなります。

筋肉の役割

筋肉には、大きく分けて３つの種類があります。
動かすほかにも、エネルギータンクになるなどさまざまな役割があります。

筋肉の種類と構造

　私たちの身体には、関節をまたいで骨と骨をつなぐ筋肉があります。筋肉は筋線維という細長い線維の束が集まり、ゴムひものように伸びたり縮んだりしながら、身体を動かしています。身体の中にある筋肉は、骨格筋、心筋、内臓筋に分かれます。運動時に活躍している筋肉は骨格筋と呼ばれ、骨の周りについています。運動神経によって、自分の意思で自由に動かすことできるので随意筋と言われ、さまざまな動きに対応しています。

　さらに、心筋は心臓を動かす筋肉で、内臓筋は胃や腸などの内臓にある筋肉のことをいいます。これらは骨格筋とは異なり、自律神経のはたらきによって、自分の意思とは関係なく動くため、不随意筋と言われます。

筋肉が動くしくみと
そのはたらき

　骨格筋が動く時に欠かせないのが、腱という太い線維です。骨格筋の両端には腱があり、１つの筋肉は関節をはさんだ別々の骨についています。１つの関節には少なくとも２つの筋肉が対になってついているので、片方の筋肉が縮むと、反対側にある筋肉がゆるみます。このため、関節の部分で筋肉を曲げたり伸ばしたりすることができます。このほかにも筋肉には、身体を支える、内臓や骨を守る、熱を作る、エネルギー源を貯める、血液の循環を助けるなど多くのはたらきがあります。

　運動する時に使われるエネルギー源は、運動する箇所の筋肉にあるエネルギータンクからしか供給されません。足の運動であれば、足の筋肉タンクを利用し、腹筋運動であれば、腹筋のタンクを利用しています。別の場所から移してくることができないので、エネルギーが切れれば

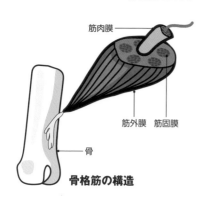

筋肉膜

筋外膜　筋固膜

骨

骨格筋の構造

動けなくなってしまうのです。

運動で「筋肉がつく」しくみ

筋肉の大きさは筋線維の太さで変わります。筋線維の数はお母さんのお腹の中にいる時にすでに決められていて、その後は大きく変わることがありません。

ではなぜ筋肉が大きくなるのか、というと、それは筋肉の太さが変わっているのです。運動をすると、筋線維に傷がついたり、切れたりします。そうすると次に同じような運動をした時にはすぐに切れてしまわないように、少し丈夫に作り直します。これが超回復と呼ばれるシス

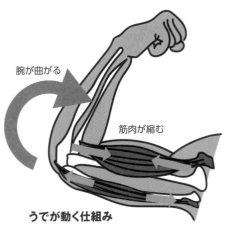

うでが動く仕組み
一方の筋肉が縮むと、反対側にある筋肉が伸びることで、うでを曲げることができます。

テムです。超回復がきちんと行われるためには、休養と筋肉の材料である栄養素を摂ることが大切です。

筋肉がつく仕組み
運動をすることで筋線維が切れます。たんぱく質などで修復されると、切れた筋肉が強くなります。

しっかりと休養と栄養で超回復

超回復は 24 時間〜48 時間程度の時間がかかります。その間に休養を取り、筋肉の材料となるたんぱく質や筋肉作りを助けるビタミン・ミネラルを意識して摂ることが大切です。

休養と栄養が足りていなければ、練習の成果が得られないだけでなく、疲労の蓄積やケガの原因にもなります。

血液の役割

さまざまな物質を運ぶことが、血液の役割です。全身にある細胞に酸素や栄養素を送り届け、細胞からでた老廃物を回収して、排泄される臓器まで運びます。

血液の成分

血液は赤い液体ではありません。血液は、血球と呼ばれる細胞成分と血しょうと呼ばれる液体成分に分けられます。血球には赤血球、白血球、血小板の3種類があります。

血液が赤く見えるのは、細胞成分のほとんどを占める赤血球が赤いからです。赤い色のもとはヘモグロビンというたんぱく質です。ヘモグロビンは、酸素がたくさんあるところでは酸素とくっつき、少ない酸素のところでは酸素を放つ性質があります。そのため、酸素が多い肺では酸素を受け取

り、酸素が少ない全身にある細胞では酸素を手放すことで酸素を供給しています。

白血球は身体の中に侵入してきた細菌やウイルスなどから、私たちの身体を守るはたらきがあります。血小板は、出血を止めるはたらきをします。

血しょうは、たんぱく質、糖質、脂質といった栄養素を含んでいる液体です。栄養成分を体内の各組織へ運び、そこで生じた代謝老廃物を運搬するなど、さまざまなはたらきに関わっています。

赤血球のはたらき

私たちの身体は、血液によって、酸素や栄養素が全身に運ばれることで、あらゆる臓器や組織がはたらき、生命を維持しています。例えるなら、全身に張りめぐらされた血管は道路で、そこを流れる血液はトラックのようなものです。

なかでも酸素を運ぶ赤血球のはたらきは、運動と大きく関わります。身体を動かし続けるには、身体の隅々の細胞まで酸素が送り届けられなければなりません。さらに赤血球は、細胞でいらなくなった二酸化炭素を回収して、肺に送り届け、

血液の成分

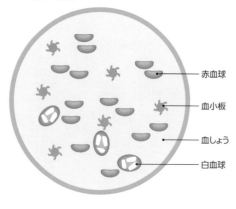

- 赤血球
- 血小板
- 血しょう
- 白血球

身体の中にある血液

O₂ O₂ O₂

ヘモグロビン

積載量が減ったりトラックの台数自体が減ると全身に運べる酸素量が少なくなります。

体外への排出を手伝っています。この酸素を運ぶ能力が落ちてしまうと、細胞の活動がダウンし、運動パフォーマンスを発揮できなくなってしまいます。これを貧血といいます。貧血は、酸素を運ぶトラックの積載量が少なくなってしまったり（ヘモグロビンの減少）、トラックの台数が少なくなってしまうこと（赤血球数の減少）で起こります。

　ヘモグロビンの値が男子 13g/dl 以下、女子 12g/dl 以下を貧血の目安としています。

　貧血がある程度進行しないと、ヘモグロビンの値は下がらないので、赤血球数も合わせてチェックする必要があります。

血液の材料

　赤血球はたんぱく質がもとになって形づくられています。赤い色素であるヘモグロビンはたんぱく質に鉄が結び付いてできています。

　さらに赤血球の合成にはビタミン B6、ビタミン B12、葉酸のサポートも不可欠です。

血液が作られるのは、赤ちゃんの時がピーク

　骨の中にある空洞には、骨髄が入っています。骨髄には、血球の元になっている造血幹細胞があります。ここで、ほとんどの血球成分が作られていきます。骨髄でできた血球は、骨を通過して骨髄まで通っている血管に入り、やがて全身に運ばれていきます。

　赤ちゃんの時には全身の骨に骨髄があり、活発に血球を作っています。ところが成長していくと骨髄の一部が脂肪に変わってしまうため、血を作る骨髄が限られるようになります。大人になると血液は脊髄、骨盤など、人間の胴体にある骨（体幹の骨）でしか作られなくなります。

神経の役割

神経は、情報の通り道です。脳からの指令がそれぞれの筋肉に伝わることで、私たちは身体を動かすことができます。

神経は情報の通り道

よく「運動神経がいい」という言葉を使いますが、この時の運動神経は、身体を動かす運動の指令が脳から筋肉まで送られるときの「情報の通り道」を指しています。運動神経があることで、私たちは歩いたり走ったりする動きはもちろん、手を動かしてご飯を食べることもできます。

運動は、すべて脳からの指令によるものです。例えば右手でボールをつかむという動作は、脳からの指令が脊髄、末梢神経に伝わり、さらに右手の筋肉まで伝わることで、一連の動きになります。

特に、ジュニア期は神経細胞が発達し、脳が活性化する時期です。このタイミングで、種類の異なる運動にチャレンジすることは、アスリートとしての可能性を広げるきっかけとなります。その理由は、その種類によっていろいろな動きが必要になるので、「新しい動き」という情報の通り道がどんどんと増えていきます。そうすることで、自分の身体を思うように動かすことができるようになります。

情報を運ぶしくみ

脳からの指令を伝えるのが、ニューロンという神経細胞です。ニューロンが刺激されて興奮すると、そこにわずかな電

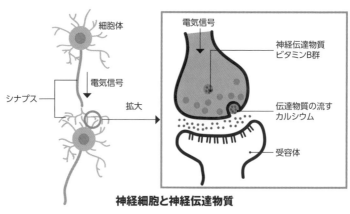

細胞体
電気信号
シナプス
電気信号
拡大
神経伝達物質
ビタミンB群
伝達物質の流す
カルシウム
受容体

神経細胞と神経伝達物質

気信号が発生します。この電気信号が末端にあるシナプスというつなぎ目のところにまで届くことで、情報を伝えています。ところが、つなぎ目のところにはわずかなすき間が開いているため、神経細胞同士はつながっていません。そのため電気信号のままでは、そばにあるシナプスに情報を伝えることができません。

そこでシナプスでは、この電気信号を神経伝達物質に変えて放出します。そばにあるシナプスはこの物質をキャッチすることで、情報を受け取ることができます。これが次々と神経細胞内で起こることで、必要な器官に情報を伝えることができます。

栄養不足で システムエラーになる？

ニューロンという神経細胞の間で情報を伝えているのが、神経伝達物質という化学物質です。神経伝達物質は、私たちが食べている食べ物の栄養素から作られています。身体の中で神経伝達物質を作るために、まず材料となるたんぱく質を摂ること。また神経伝達物質をスムーズ

に作るためのビタミンB群、神経伝達物質が情報を流すためのカルシウム、その流れをコントロールするためのマグネシウムなども欠かせません。

ジュニア期のアスリートは身体作りの材料として、たくさんの栄養素が使われるため、ビタミン、ミネラル類が不足しがちです。こうした栄養素が不足すると、足がつったり、思うように身体を動かすことができなくなるようなシステムエラーを起こします。また、イライラするなど感情の不安定さにも影響します。神経伝達に関わる栄養素は、長時間にわたって運動する時や、素早い動きが続く運動をする時には特に必要になるため、毎日の食事から意識して摂ることが大切です。

人間の身体は家のよう

私たちの身体は、家に例えることができます。骨は柱で、筋肉は壁や屋根、血液は水道、そして神経は電気配線のようなものです。そ れぞれが機能することで暮らしやすい家ができるように、私たちの身体も思うように動かすことができます。

消化吸収の道のり

食べ物を身体の中にとり入れるためには、消化吸収することが必要です。
食べたものが消化吸収されて、身体の外に排泄されるまでには、長い道のりがあります。

消化管は１本の管

食べ物は、そのままの形では身体の中にとり入れることができません。食べ物は、人以外の動植物です。これらを身体作りの材料として使うには、できるだけ小さくする必要があります。これが、消化です。また消化した食べ物が消化器官から身体の中にとり込まれることを、吸収といいます。消化と吸収が行われているのは、口から肛門まで続いている消化管いう１本の管です。その長さはおよそ９メートルもあります。

消化には３つの種類がある

消化には、大きく分けて３つの種類があります。１つ目に機械的消化とは、歯でかみ砕く咀しゃくや、腸のぜん動運動などで、食べ物を小さくする消化のこと。２つ目に化学的消化とは、胃液や胆汁などの消化酵素で分子レベルにまで小さく分解すること。

３つ目に細菌的消化とは、腸内細菌によって分解されることです。

食物が消化吸収されることで、初めて身体を動かすエネルギーになります。た

食料のチャート

だし、摂取した食物すべてが吸収されるわけではありません。

その日の健康状態や食べ合わせによって、吸収率は変わります。

代謝とは

消化管から吸収された栄養素を、身体の中でエネルギーや身体に必要な物質に変えるのが代謝です。代謝に欠かせない臓器が、肝臓です。肝臓は、集まってくる血液に対してさまざまな化学反応を休みなく行う、化学工場のような役割があります。例えば、ブドウ糖を集めてグリコーゲンを貯蔵しておき、必要な時にエネルギーにするはたらきや、身体に必要なたんぱく質を作るはたらきもあります。

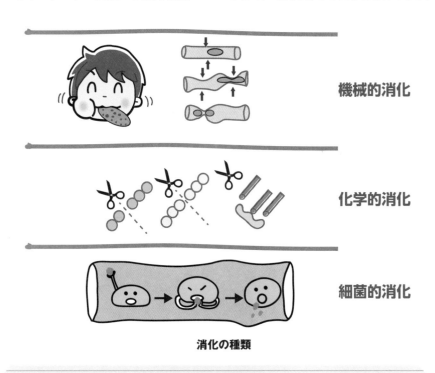

機械的消化

化学的消化

細菌的消化

消化の種類

基礎代謝って何？

私たちはじっとしている時も、心臓は動き、呼吸も自然と行っています。このように、生命を維持するために最低限必要なエネルギー量を基礎代謝といいます。

基礎代謝のピークは10代。ジュニア期は成長するためにたくさんのエネルギーが消費されるため、基礎代謝が高い状態です。

食べたものが身体の外に出るまでの道のり

1 口から食道
食べ物を咀しゃくし、だ液と混ぜて飲み込む

食べ物を口でかみ砕いて細かく咀しゃくし、だ液と混ぜてから飲み込みます。だ液には糖質を分解するための酵素が含まれています。しっかりかむことで、だ液の分泌が促され、消化もよくなります。かむことでだ液と混ぜられた食べ物は、食道に送られます。

2 胃
強い酸で食べ物をかゆ状に消化、胃液でたんぱく質を分解

食道から送られてきた食べ物は胃で一時ためてから、胃のぜん動運動で食べ物と胃液を混ぜ合わせて、かゆ状にします。胃液にはたんぱく質を分解する酵素や、塩酸、粘液などが含まれています。胃の内容物が十二指腸に入ると、胃液の分泌は抑えられます。

3 十二指腸
膵液、胆汁を混ぜる

胃の内容物が十二指腸へ送られると、膵臓から膵液、胆のうから胆汁が分泌されます。膵液は糖質、脂質、たんぱく質を分解する消化液です。胆汁は、消化酵素ではありませんが、脂肪の消化を促し消化を助けます。

十二指腸でこうした消化液と混ぜ合わされた内容物は、さらに小腸に送られます。

4 小腸
ほどんどの消化と栄養素の吸収をする

消化の最終段階を担うはたらきを持つ消化酵素が腸液です。多くは小腸の壁から分泌され、食べ物は小腸内で最も小さな単位に消化されます。そして、ほとんどの栄養素がここで吸収され、腸の毛細血管やリンパ管という2つの経路を通り、全身へ運ばてさまざまな器官で利用されます。

5 大腸

消化吸収が終わったカスから水分を吸収して、排泄

　大腸では、小腸で吸収されなかった水分が吸収されます。また大腸には、100兆個を超える腸内細菌がいます。このうち、善玉菌と呼ばれる菌は人が消化でき

ない食物繊維を分解したり、腸のはたらきを整えます。

　一方、お腹を壊す原因となる悪玉菌や、善玉菌にも悪玉菌にもなる日和見菌もいます。腸内細菌で消化されずに最後まで残ったカスは、便として体外に排泄されます。

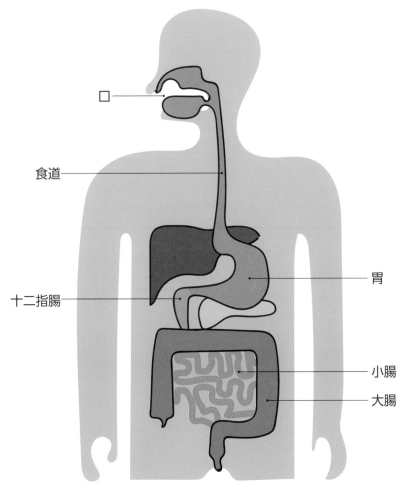

口

食道

十二指腸

胃

小腸

大腸

食べものが身体の外に出るまでの道のり

複数回食事が必要なわけ

身体の中にある細胞は、24時間休むことなくはたらいています。
この細胞に材料を届けるために、私たちは1日3回、食事をしています。

24時間休みなく材料を供給するため

私たちの身体を構成する細胞は、24時間休みなくはたらくことで生命を維持しています。

「食べたものを消化する」「栄養素を吸収する」「吸収した栄養素を筋肉などに届ける」といった作業が行われるためには、エネルギーが必要です。もちろん寝ている間も、身体ではエネルギーが使われています。細胞自身の生まれ変わりにも、材料が必要です。このため、私たちは毎日食事から栄養補給をしています。

また食べ物によって、消化吸収されるスピードが違います。栄養素によって身体の中にキープできる時間も変わります。それゆえ、1日に必要なエネルギーを無理なく摂るために、1日3回に分けて食事をしています。

人の身体は食べた物でできている

ジュニア期は成長とともに身体の形が大きく変化します。そのため、大人より

も多くのエネルギー量や栄養素が必要とされます。特にジュニア期のアスリートは、日常生活を送るために必要な栄養のほかに、成長するために必要な栄養と、運動やスポーツをすることで失われるエネルギーを補うための栄養が必要です。

ところがこの時期の消化器官の機能は、まだまだ未発達。消化吸収能力は大人と同じでないため、一度にたくさんの量を食べることができません。1日の食事を分けて摂る必要があります。

ジュニア期のアスリートには、多くの栄養が必要です。

食事の役割　朝食

1日を気持ちよくスタートさせるためにも、朝食は大切です。
朝食を食べることで胃腸や脳を目覚めさせることができ、身体のリズムも整います。

身体のスイッチを入れる朝食

朝食には、1日を活動的にスタートさせるためのスイッチを入れる役割があります。

まず朝食を食べることで体温が上がり、血液の流れがよくなります。胃や腸などの消化器官のはたらきも活発になり、排便を促して、身体のリズムを作ります。また、朝食で食べるごはんやパンなどの主食に含まれているのが、糖質です。脳のエネルギー源となる糖質を朝食で摂り入れることで、脳のはたらきが活発になります。朝食は起きてから1時間以内に食べることがベスト。それにより、脳と身体のスイッチがスムーズに入ります。

朝食を食べると、睡眠の質も上がる？

神経にはいくつか種類があり、呼吸や血液の循環など、生きるために欠かせない活動を24時間休みなくコントロールしているのが自律神経です。

自律神経には「交感神経」と「副交感神経」があります。交感神経には身体を活発に動かすはたらき、そして副交感神経には身体をリラックスさせるはたらきがあります。この2つは、片方のはたらきが優位になると、もう片方のはたらきが低下するというシーソーのような関係になっています。また自律神経のはたらきにはリズムがあり、交感神経は朝から昼にかけて活発になるのに対して、昼を過ぎると、リラックスする副交感神経が活発になります。

そのため、朝の光を浴びて朝食を摂ることで、自律神経を整えて活動のスイッチが入ります。ここできちんとスタートを切ることで、体内時計が正確に動きだし、正しいリズムを刻むようになるので、自然と眠りの質も高まります。

朝食(break fast)の語源

Break は破る、Fast は断食のこと。その日最初の食事である朝食には、夜から何も食べていない身体に対して「断食を破る」という意味があります。

食事の役割　昼食・夕食

昼食は代謝を維持する役割、夕食にはその日に使った身体の回復と、
次の日も元気に活動できるための栄養を補給する役割があります。

午後の活動の質を高める昼食

昼食で、午後の活動に必要なエネルギーや栄養素、水分を補います。昼食を食べることでリフレッシュでき、午後からも気持ちを切り替えて活動的に動くことができます。

昼食を抜くと、朝食から夕食までの時間が空きます。そのため、1日に必要な栄養を朝食と夕食だけで摂取しようとすると、1回の食事量が増えて、消化に負担がかかります。

午後の時間帯に運動をすることも多く、1日の中でも最も活動量の多い時間帯です。朝食で摂った分は午前中でほぼ使い切ってしまうため、昼食で午後の分をチャージする必要があります。

回復と準備のための夕食

夕食は1日の活動が終わり、心も身体もリラックスしている時間帯に食べる食事です。1日の活動で使ったエネルギーや栄養素を補い、明日も元気に活動できるように回復を促します。特に成長するためにたくさんの栄養が必要になるジュニア期の場合、運動で消耗したエネルギーをしっかり夕食で摂って身体を回復させなければ、身体を大きく発達させることができません。

また、夜遅い時間にたっぷり食事をすると、消化に時間がかかるため睡眠の質を下げてしまいます。夕食の時間が遅くなる場合は、栄養バランスの摂れた食事を軽めにすることで、ぐっすり眠ることができます。

6:00　　　　　　8:00　　　　　　10:00　　　　　　12:00

食事の役割　補食

1日の食事を完成させる補食は、ジュニア期のアスリートにとって大切な食事です。
練習前後のタイミングで摂りましょう。

1日の食事を完成させる補食

ジュニア期のアスリートは、成長するために必要なエネルギーに加えて、運動をするために必要なエネルギーも摂る必要があります。ただ、消化器官のはたらきもまだ発達段階にあるこの時期は、1日3回だけの食事では、十分栄養を摂ることが難しいです。

そこで、利用したいのが「補食」です。補食は、朝食、昼食、夕食では摂りきれなかったエネルギーや栄養素を補うための食事です。3食で足りない栄養素が含まれている補食を摂ることで、その日の食事を完成させることができます。

動き方で、補食の摂り方を変えよう！

例えば、平日の夕方から練習がはじまる小学生の場合。給食を食べてから時間が経っていて、この時間帯はちょうどお腹が減る頃です。エネルギー源が不足している状態では、体力も低下し、集中力もなくなるため、思い通りに身体を動かすことができません。また練習内容も日によって変わるため、その時に身体に必要な栄養素も変わります。

このタイミングを上手に活用するのがポイントです。練習前のタイミングに補食を摂ることで、身体に必要な栄養を補給できます。また、練習後に補食を摂ると、疲れた身体の回復もスムーズに行われるようになります。

14:00　　　16:00　　　18:00　　　20:00　　　22:00

たんぱく質

たくさんのアミノ酸がつながってできているのが、たんぱく質です。
身体の材料になるたんぱく質は、毎日合成と分解をくり返しています。

たんぱく質は、アミノ酸がつながったもの

　たんぱく質は、アミノ酸が５０個以上つながったもので、数十万個以上つながったものも存在します。私たちの身体に含まれているたんぱく質の量は体重の約 14 ～ 17％。たんぱく質は筋肉や内臓、皮膚や髪の毛などの材料になる栄養素です。たんぱく質を消化し、アミノ酸にして、これを吸収・代謝したものを、私たちは身体の機能に役立てています。

　身体を構成しているのは、20 種類のアミノ酸です。これがさまざまな組み合わせでつながることで、たんぱく質を作っています。20 種類のアミノ酸のうち 9 種類は、人間の身体の中で作ることができません。そのため、食べ物から摂取する必要があります。これを必須アミノ酸とよびます。

アミノ酸を揃える

　アミノ酸はチームではたらきます。そのため、1 種類だけでもアミノ酸の摂取量が少ないと、その量に合わせた分しかたんぱく質を作ることができません。

　ほとんどの食品にアミノ酸は含まれていますが、量と種類は食品によって異なります。特に豊富に含まれている食品は、肉類、魚介、卵、牛乳及び乳製品、大豆・大豆製品で、良質たんぱく質といわれます。

　人の身体を作るために必要としているアミノ酸の量と種類は、食品に含まれる

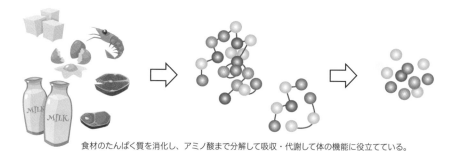

食材のたんぱく質を消化し、アミノ酸まで分解して吸収・代謝して体の機能に役立てている。

9種類のアミノ酸が揃わないと、桶から水がもれてしまうように、私たちの身体の中にとり入れることができません。

ものと必ずしも一致しません。不足しないように、余りがでないように、動物性（肉・魚・卵・乳）と植物性（大豆・大豆製品）の2グループを組み合わせて摂る工夫が必要です。この2グループはアミノ酸のパターンが大きく違うので、効率よくアミノ酸をそろえることができます。

たんぱく質は分けて食べよう

身体作りに不可欠な、たんぱく質は毎日しっかりとりたい栄養素ですが、1度に消化吸収できる量は20〜30g程度と多くありません。1回の食事で大量に食べても効率が悪いのです。また身体の中にあるたんぱく質は、毎日合成と分解をくり返し、24時間いつでも、身体のどこかでたんぱく質が必要とされています。そのため、1日3回＋補食に分けて食べることが大切なのです。

たんぱく質はしっかりかんで！

アミノ酸同士のつながりはとても強く、分解して消化するのに時間がかかります。身体がスムーズにとり込むためには、よくかむこと。腸のはたらきも高まり、たんぱく質を消化吸収しやすくなります。

炭水化物

炭水化物から食物繊維を取りのぞいたものが、糖質です。活動するために必要なエネルギー源になる栄養素ですが、エネルギーに変えるためには他の栄養素も必要です。

炭水化物は、糖質と食物繊維のこと

　炭水化物から食物繊維を除いたものが糖質です。糖質はごはん、パン、いも類に多く含まれ、単に甘いものだけを指すわけではありません。

　糖質は体内で最小単位であるブドウ糖まで分解され、エネルギーとして利用されます。すぐに使わない分はブドウ糖をいくつもつなげたグリコーゲンという形で筋肉や肝臓に保管しています。肝臓のグリコーゲンは、血液で全身に運ばれて

使われますが、筋肉のグリコーゲンはその筋肉を動かすためだけに使われます。

　また、グリコーゲンとして貯めておく容量には限度があり、摂り過ぎた分は脂肪として蓄えられます。

糖質の代謝サイクルをまわすために必要な栄養素

　私たちの身体の中には、細胞の一つひとつにエネルギーを生み出すための工場があります。エネルギー工場では、糖質を主材料としてエネルギーを作り、場合によって脂質やたんぱく質も使いながら

炭水化物が多い食品の栄養

食品 100g あたり

	エネルギー	たんぱく質	脂質	炭水化物	カルシウム	マグネシウム	ビタミン B1	ビタミン B2	ビタミン C
上白糖	348kcal	0.0g	0.0g	99.2g	1mg	0mg	0.00mg	0.00mg	0mg
黒砂糖	354kcal	1.7g	0.0g	89.7g	240mg	31mg	0.05mg	0.07mg	0mg
はちみつ	294kcal	0.2g	0.0g	79.7g	1mg	1mg	0.00mg	0.01mg	0mg
精白米	168kcal	2.5g	0.3g	37.1g	3mg	7mg	0.02mg	0.01mg	0mg
発芽玄米	167kcal	3.0g	1.4g	35.0g	6mg	53mg	0.13mg	0.01mg	0mg
さつまいも	163kcal	1.4g	0.2g	39.0g	34mg	23mg	0.12mg	0.06mg	23mg
とうもろこし	99kcal	3.5g	1.7g	18.6g	5mg	38mg	0.12mg	0.10mg	6mg

参考：日本食品標準成分表 2015 年版（七訂）

白い砂糖（上白糖）は炭水化物のみ。他の食品には、ビタミンやミネラルなどが含まれています。

稼はたらしています。

　エネルギーの生産をスムーズにするためには、ビタミンB群やマグネシウムといった他の栄養素も必要です。ビタミンB群やマグネシウムが足りない状態が続くと、身体の中でエネルギーにうまく変換できないので、疲れやだるさを感じやすくなります。

┃ 白い砂糖と黒い砂糖、 何が違う？

　トレーニングで疲れると、"甘いもの"が食べたくなることはありませんか。たしかに砂糖（糖分）は身体への吸収が早いので、疲れた身体にエネルギーを素早く補給することができます。ただ、菓子パンやケーキなどには砂糖と油が多く、補食にはおすすめできません。これらは「エンプティーカロリー（空っぽのカロリー）」と呼ばれ、カロリーそのものは高くても、筋肉を作るためのたんぱく質や体調を整えるためのビタミンやミネラルなど、ジュニア期の身体を成長させるために必要な栄養素は少ない食品です。特に糖質は、ビタミンB1が足りないと、うまく代謝ができません。

　糖質を摂る時には、ビタミンやミネラルも一緒に摂るように、あまり精製されていないものを選ぶようにしましょう。例えば、スーパーで売られている砂糖には、白い砂糖と黒い砂糖があります。どちらも甘い砂糖ですが、精製されている白い砂糖に含まれている栄養は炭水化物のみ。精製されていない黒い砂糖には、カルシウム、マグネシウム、鉄などのミネラルが含まれています。甘みを補いたい時は、黒砂糖、きび砂糖、はちみつなどがおすすめです。

精製された食品　　　　　　　　　**未精製の食品**

精製されていない食品に変えてみましょう

脂質

常温で固体の飽和脂肪酸と、常温で液体の不飽和脂肪酸があります。
身体への影響は、脂肪酸の種類によって変わります。

脂質は、身体にとって大切な栄養素

脂質とは水に溶けない物質で、私たちの身体の中に水分の次に多く含まれています。脂質には、人間の生命を維持するために欠かせないさまざまな役割があります。例えば体脂肪として蓄えられている中性脂肪には体温を一定に保持する、臓器や細胞を衝撃から守る、細胞膜を構成する成分となる、などのはたらきがあります。また、脂溶性ビタミンの吸収をサポートするはたらきもあります。

私たちが毎日の食事から摂取する脂質のほとんどが中性脂肪です。1gあたり9kcalのエネルギーを生み出すので、効率の良いエネルギー源として使われます。使われなかった脂質は、身体の中で中性脂肪（体脂肪）となって貯蔵されます。

油と脂の違い

飽和脂肪酸は常温で固体であり、肉や乳製品に多く含まれます。脂肪酸のすべての手に炭素が結び付いて安定した構造をしているため、貯蔵に向いています。

一方、不飽和脂肪酸は、常温で液体のものが多く、植物性油や魚油に含まれます。脂肪酸の手が余った不安定な構造をしていて、酸化しやすいため、貯蔵には向いていません。こうした油を良い状態で摂るには、植物性油は小さい容器のものを選び早めに使いきる。魚は生や生に近い状態で食べることが理想的です。

身体にいい油とは？

不飽和脂肪酸にはコレステロールを減らすといったはたらきがありますが、酸化しやすいという欠点があります。酸化とは、空気中に含まれている酸素にふれることによって起きます。特に酸化した油脂を私たちが摂取すると、身体の中に活性酸素や過

酸化脂質といった有害物質が体内に増えてしまうため、細胞も酸化し傷つきます。切ったり加熱した食材が空気にふれる時間が長いほど酸化が進みます。油をいい状態で取り入れるには、新鮮な食材を早めに食べ切ることが大切です。

例えば、オメガ3系多価不飽和脂肪酸は、記憶力や集中力の維持、アレルギーの予防や改善にはたらきます。これらは青魚に多く含まれているので、魚を食べる機会を増やしましょう。

一方、オレイン酸が多く含まれているオリーブオイルは、加熱による酸化にも強い油です。生で料理に使えるほか、炒め物や揚げ物など加熱する料理にも向いています。上手に利用しましょう。

脂肪酸の種類

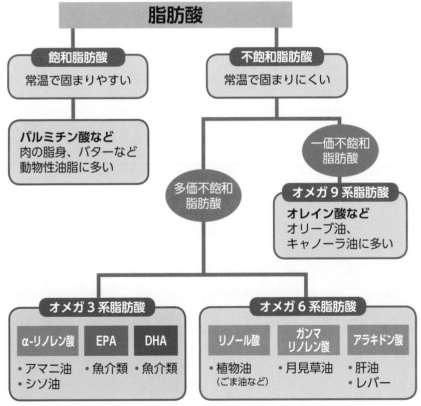

不飽和脂肪酸は一価と多価に分かれ、さらに多価不飽和脂肪酸はオメガ6系とオメガ3系に分けることができます。またリノール酸、α-リノレン酸、アラキドン酸の3つは必須脂肪酸と呼ばれ、身体の中では合成できない脂肪酸です。これらの脂肪酸は、食事から摂取する必要があります。

ビタミン・ミネラル類

ビタミンやミネラルには、身体の機能を調整するはたらきがあります。ビタミン、ミネラルが多く含まれている野菜は、3つの部位を組み合わせて摂ることで栄養素が揃いやすくなります。

ビタミンとは

　ビタミンとは、身体の中のさまざまな機能を調節したり、エネルギー産生や身体作りに欠かせない微量栄養素のことです。体内で合成できなかったり、必要な量として足りないため、必ず食品から摂る必要があります。

　ビタミンは大きく分けて4つの脂溶性ビタミンと9つの水溶性のビタミンがあります。脂溶性ビタミンは、油と一緒に摂ると吸収がよいですが、サプリメントで必要以上に摂ると身体に蓄積され、過剰症を起こす場合があります。

　水溶性ビタミンは水に溶けやすく、吸収されなかった分は尿と一緒に排泄されます。水洗いや調理によって損失を受けやすいので、調理の工夫が必要です。

野菜の部位ごとの特徴

実：周囲の環境の変化から実や種を守る力があり、抗酸化物質も多く含まれています。

葉：太陽の光を浴びて光合成を行うことで、エネルギーを作り出す力があります。

根：土の中にあるミネラルや栄養分を吸い上げて、実や葉に送る力があります。

脂溶性
ビタミン
A、D、E、K

水溶性
ビタミン
B₁、B₂、ナイアシン、
B₆、B₁₂、葉酸、
パントテン酸、
ビオチン、C

ミネラル
カルシウム、カリウム、
リン、硫黄、マグネシウム、
ナトリウム、塩素、クロム、
ヨウ素、マンガン、セレン、
コバルト、銅、鉄、
モリブデン、亜鉛

ビタミン・ミネラルの一覧

ミネラルとは

　ミネラルは元素のことで、土や水の中に存在しています。人を含め、どの動植物にも作ることができません。そのため食品から摂る必要があります。

　人の身体に必要なミネラルは16種類あり、身体を構成する成分になったり、身体の機能の維持、調節にはたらいています。

野菜は「根、葉、実」を組み合わせて摂る

　ビタミンやミネラルが多く含まれているのが、野菜です。野菜にはさまざまな種類がありますが、大きく分けると土の中の水分やミネラルを吸い上げる「根」、光合成でエネルギー源を作り出す「葉」、さまざまな環境から種を守るため抗酸化力のある「実」の3つの部位に分けられます。野菜が持つビタミンやミネラルのパワーをしっかり身体の中に摂り入れるためには、野菜の部位を揃えて食べるようにしましょう。

　例えば、サラダを食べる場合にキャベツやレタスが多く入った「葉」の部分ばかりを食べるのではなく、トマトなどの「実」やたまねぎなどの「根」を組み合わせると、部位のバランスが整います。1食の中で3つの部位が揃うように、野菜の量と部位をバランスよく摂りましょう。加熱方法も組み合わせることがポイントです。「根」は繊維が硬いものが多いので、コトコト加熱をして、栄養素の吸収を高めます。「葉」「実」は柔らかいので、短時間加熱や生で食べて、栄養素の損失を少なくすることができます。

　葉や実の野菜をサラダにしたら、根菜を汁物に使うようにすると、部位と加熱の組み合せが実践できます。

部位の組み合わせを強化してコンディションアップ！

3つの部位を揃える食べ方を基本とし、トレーニング内容や季節に合わせて強化することで、身体のコンディションも整います。例えば、エネルギーの出力を高めたい試合前は「葉」を増やし、炎天下でトレーニングが続く時は「実」の野菜を増やすなどが◎。

Part2
シーン別
食事と栄養の摂り方

毎日元気に練習ができることが理想ですが、実際に選手が直面する問題はさまざまです。Part2 では、アスリートのコーチや家族から寄せられる、よくある質問をまとめました。体づくりや体調の悩み、日常の食事の問題点などをシーン別にお答えしています。アドバイス内容とPart1 の解説を見返しながら、日々のコンディショニングに役立てましょう。

運動中の水分補給は何がおすすめ？
パフォーマンスを引き出すための水分補給

うちは水分補給用に麦茶を持たせています
麦茶でいいですか？

運動中の水分補給には、スポーツドリンクがおすすめです！

甘すぎで…糖分の摂り過ぎ？　心配なんです

運動中の水分補給は、水分だけではないんです。すばやく、
エネルギー源の補給ができること、そこがポイント。糖分は
エネルギー源として利用されるので大丈夫ですよ！

低カロリータイプではなく、糖質とミネラルが
補えるスポーツドリンクがいいです！

飲む量やタイミングってありますか？

運動中は、1回の摂取量は100～200ml、1時間あたりに
2～4回、運動前にもこまめな水分補給をおすすめします！

POINT

**運動時の水分補給には水分と同時に、エネルギー源となり吸収をサ
ポートする糖質とミネラルが補える、スポーツドリンクがおすすめ！**

水分補給の目的と摂り方

水分補給の目的

・血流の維持

　運動を続けるためには、血液が全身をめぐり酸素や栄養素が運ぶ必要があります。水分量を保つことで血流を維持します。

・発汗による体温調節

　運動すると筋肉が熱を発し、体温が上昇します。体温が上がり過ぎるとオーバーヒートして、身体の機能が失われてしまいます。そのため、汗をかき、その汗が蒸発することで熱を奪い、体温を調整しています。

・エネルギー補給と集中力の維持

　スポーツの場面では、身体を動かすと同時に頭もはたらかせています。ボールを見極め

たり、相手の動きを予測したり、常に考えて動く質の高い練習を積むには、集中力を高く保つことが必要です。身体を動かすためのエネルギー源は筋肉内にグリコーゲンという形で貯蔵されています。しかし長時間の運動では、貯蔵量が不足してきます。また、脳には筋肉のような貯蔵スペースがないため、血液で随時ブドウ糖を送ることが必要です。(⇒ P.028 参照)

　スポーツドリンクに含まれるミネラルには、汗の成分を補う役割と、糖質と協力して水分吸収をサポートする役割があります。運動のパフォーマンスを引き出す水分補給には、スポーツドリンクの利用がおすすめです。

シーン	運動前	運動中
目的	ウォーミングアップの準備	パフォーマンスアップ
水分量の目安	250 〜 500ml	100 〜 200ml
摂るタイミング	練習1〜2時間前から、何回かに分けて飲む	1 時間あたり 2 〜 4 回

お役立ちメモ

低カロリータイプに注意

　低カロリータイプは甘味料が使われています。甘味料は砂糖に比べて 100 〜 600 倍の甘みをもち、砂糖より使用量が少なく済むので、エネルギーが低く抑えられます。運動中は効率よくネルギー源を補給したいので、低カロリータイプではないものを選びましょう。

経口補水液の利用法

　一般的なスポーツドリンクよりもミネラル分が多く、糖分を抑え、吸収スピードが速く設計された飲料です。脱水や熱中症の予防にはスポーツドリンクで十分。経口補水液は脱水の兆候が現れたら使うようにします。

練習の合間に摂るなら、
どんなものを食べたらいいの?

練習の休憩時間に何か食べさせようかと…
何を用意しておけばいいですか?

休憩の時間はわかりますか?

昼などは、長くて1時間近くあります

60分

小さめのおにぎり、ロールパン、バナナなど
油脂が少なく消化がよいものがいいですね

おすすめの具材が知りたいです

マヨネーズやカツなど油脂が多いものよりは、梅干しおにぎ
りやハムサンドなどシンプルなものがおすすめです!

20〜30分の休憩はどうですか

20分 30分

スポーツドリンク、100%果汁、エネルギー入り
ゼリー飲料など液体に近いものがいいですね

POINT

**1時間程度の休憩には、おにぎりや油脂の少ないパン、バ
ナナ。ハーフタイムなど短めの休憩には、100%果汁やエネ
ルギー入りゼリー飲料など液体に近いものを用意しましょう**

運動する身体に合わせた補食の摂り方

空腹と満腹で練習に臨むことは避けましょう。空腹状態では、エネルギー源が不足して、集中力の低下、疲労感を感じやすく、よい練習が積めないだけでなく、ケガの原因になります。

満腹の状態もよくありません。食事後、消化器官が必要とする血液が全身に回ってしまうため、消化不良や腹痛の原因になります。練習の始めから最後まで、集中力と体力を維持して質の高い練習を行うためには、運動する身体に合わせた補食を効果的にとりましょう。

おすすめの軽食と具材

1時間程度の休憩　例：午前と午後の練習の合間、試合と試合の休憩時間など糖質が中心。油脂類が少なく、消化に時間がかからない軽食を選びましょう。

	⭕	❌
おにぎり	梅干し おかか	天むす チャーハン
サンドイッチ	野菜サンド ハムサンド	カツサンド フルーツ クリームサンド
パン	ロールパン くるみパン	デニッシュ クロワッサン コーンマヨ
果物	バナナ りんご	さわって ベタベタする ようなものは 避けて！

5〜15分の休憩

例：コートチェンジやハーフタイムなど

運動によって失われた水分、糖質をすばやく補うためにも、液体のものを選びましょう。

果汁100%ジュース
スポーツドリンク
エネルギー入りゼリー飲料

お役立ちメモ

ゼリータイプの飲料はエネルギーの入ったものを

アミノ酸やミネラルなどが入っているゼリータイプの飲料も市販されていますが、中にはビタミンがとれても、肝心のエネルギーが少ないタイプもあります。必ずエネルギー量を確認してから摂りましょう。

ゼリータイプの飲料はよくかんで！

ゼリータイプの飲料は手で持って飲みやすい形状で作られているので、つい吸って飲んでしまいがち。こうしたゼリータイプは、栄養を身体の中にスムーズに摂り入れるためにも、ゆっくりとよくかんで消化をよくしましょう。

Q03

運動後の疲労回復のためには、何を摂ったらいいの?

運動直後におにぎりやバナナを摂ると
いいって聞いたことがあるんです

運動直後の固形物は NG !
運動直後は胃腸が疲れていて食べ物を
消化吸収することにむいていないんです

どんなものがいいの?

糖質とたんぱく質を同時に補給できる
液体のものがベストです

牛乳も OK ですか?

牛乳は消化に時間がかかるのでこのタイミングにはむきません。
気温が高い時など衛生面での不安もありますね

そしたら運動直後は何で補給するといいのかしら?

サプリメントの活用をおすすめします!　回復用のサプリメントで
疲れた身体をすばやく回復させることができるんです

POINT

**運動直後は疲労状態からできるだけ早く、もとの状態に
戻すことが大切。サプリメントの活用をしましょう**

運動直後の栄養補給とは

「運動後のダメージをすみやかに回復させること」が運動直後の栄養補給の目的です。運動をすると筋グリコーゲンが減り、筋肉が傷ついてダメージを負います。日々の練習を積み重ねてレベルアップを図るには、次の練習までにダメージを回復させ、フル充電しておくことが大切です。

運動後20分以内を目安に栄養補給をしましょう。このタイミングで成長ホルモンの分泌が活発になり、ダメージ回復の環境を作ります。

栄養補給の内容は筋グリコーゲン回復の材料（糖質）と筋肉の修復材料（たんぱく質）を3：1で摂ることが理想です。これによりインスリンというホルモンがはたらき、筋グリコーゲンを回復させます。運動直後は内臓のはたらきが低下しているので、おにぎりやバナナなどの固形物は負担になります。そこで、運動直後の身体に負担をかけず、理想的な割合で栄養補給するために、サプリメントを活用しましょう。

運動直後の栄養補給

運動直後20分以内を目安に摂る。
内容は糖質：たんぱく質＝3：1
の割合が良い。

黄金比率

サプリメントを活用する場合は、
栄養成分表示を参考にする。

お役立ちメモ

サプリメントのチェックポイント

一般的なプロテインの表示例 （炭水化物とたんぱく質の数値を参照）	リカバリー用サプリメントの表示例 （炭水化物とたんぱく質の数値を参照）
1食あたり	1食あたり
炭水化物 2.4g	炭水化物 28g
たんぱく質 20g	たんぱく質 10g

サプリメントを使用しない場合は、100％果汁を200ml程度摂る方法で、まず糖質を補給し、その後の食事（又は補食）でたんぱく質を補いましょう。

Q04 →運動編

試合前の食事は、
どんなものを食べたほうがいいですか？

 1週間後に試合です。試合前の食事は
どのようにしたらいいですか？

 練習モードから戦うモードに！
切り替えがポイントですね

 具体的にはどんなこと？

3日前から炭水化物食品の種類を多めにしましょう

 炭水化物を多めに摂ると何か違うの？

試合でパワーを発揮するにはエネルギー源を筋
肉にため込んでおくことが必要！　炭水化物を
多く摂ることでエネルギー源の充填をします

ビタミンB群・マグネシウムを一緒に摂って、
脂質は控えめにしましょう

POINT

**試合の3日前から炭水化物の種類を増やしましょう。
脂質を控え、ビタミンB群、マグネシウムもあわせて！**

試合に向けた身体作り

試合で最大限の力を発揮するために重要になるのが、エネルギー源になるグリコーゲンです。試合前は筋肉にグリコーゲンをためこむために、炭水化物食品の種類を増やしましょう。ごはんなどの主食の他に、いも類、かぼちゃ、大豆以外の豆（いんげん豆、ひよこ豆など）、果物など組み合わせて摂ります。

筋肉にためたグリコーゲンがエネルギーとして効率よく使われるために必要なのが、ビタミンB群とマグネシウムです。野菜の「葉」の部分、ごまやナッツ類、海藻類も多めに摂ります。試合前は緊張感から胃腸の消化吸収能力が低下するので、揚げ物、カレーなどのこってりした料理は控えましょう。

ポイント
- エネルギー源になる炭水化物食品の量を増やす
- エネルギーを燃焼しやすくするビタミンB群、マグネシウムを摂る
- 脂質を控える

豚肉とニラの
キムチ炒め

かぼちゃと
豆のサラダ

青菜の胡麻和え

発芽玄米入り
ごはん

じゃがいもの
味噌汁

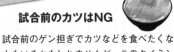
お役立ちメモ

試合前のカツはNG

試合前のゲン担ぎでカツなどを食べたくなる人もいるかもしれませんが、このタイミングで油っこい料理は避けましょう。むしろ特別なことはせず、いつもと同じような食事を心がけましょう。

フライドポテトは控えて

フライドポテトはじゃがいもを使った料理ですが、油で揚げているので脂質が多いです。試合前は炭水化物を多く摂りたい時期ですが、揚げ物のフライドポテトやスナック菓子のポテトチップスは控えましょう。

試合当日の食事は
どう食べるといいの?

試合の日はうちの子緊張して朝食が食べられないんです

飲み物で OK ! 脳と身体を目覚めさせる朝食を摂りましょう。朝が飲み物の場合は前日の夕食でしっかり食べておくようにするといいですよ

食事の時間はどう考えておけばいいのかしら?

ウォーミングアップを始める時間から逆算して食事時間を計画しましょう!

試合当日の食べ物はどうしましょう?

試合当日はエネルギーの補給が最優先! おにぎり、バナナ、100%果汁など、何種類か準備しておくといいですよ

POINT

朝食で身体を起こし、試合間はエネルギー補給を最優先に。
ウォーミングアップ時間から逆算して、食事計画を立てましょう

試合当日の食事

試合当日の食事は、「何時に動き出すのか」を軸に食事の時間を計画します。動き出す時間とは、試合開始の時間ではなく、ウォーミングアップの開始時間です。

食事はウォーミングアップの3時間前に摂りましょう。こうすることで消化がきちんと終わった状態で試合に臨むことができます。3時間前に食事をしても、まだ空腹を感じる場合や試合間が1時間程度空く場合には、軽食で補食を摂ります。さらに直前にも何か摂りたい場合、試合と試合の間が30分程度しかない場合は、100％果汁やエネルギー入りゼリー飲料で補給しましょう。

試合当日は、エネルギー源の補給が最優先です。炭水化物食品を中心にして、ビタミンB群やマグネシウムも合わせて摂れると効果的です。

アスリートがよく食べているバナナには、炭水化物、ビタミンB群、マグネシウムが揃っています。

ポイント ウォーミングアップ開始3時間前までに、食事をすませましょう。

例：10時にウォーミングアップ開始する場合

7:00 炭水化物の多い朝食を摂る
（例：ごはん、具だくさんみそ汁、納豆）

9:00 補食を摂る
（例：小さいおにぎり、バナナ、カットフルーツ）

9:30 飲み物でエネルギーを摂る
（例：エネルギー入りゼリー飲料　または果汁100％飲料）

お役立ちメモ

食物繊維が多いものは控えて

緊張していると、胃腸のはたらきが低下します。消化しづらいごぼうやひじきのような食物繊維の多いものは避けましょう。おにぎりの具材も昆布を控えたり、海苔をはずしてもいいでしょう。

緊張している時は朝食に液体のものを

緊張しすぎて食欲がまったくない時は、無理をして固形物を食べる必要はありません。果汁100％のジュースを飲んだり、ヨーグルトを食べるだけでもいいでしょう。食べやすい形のものを朝食として摂りましょう。

連日の試合。試合後の食事は
何を食べたらいいの?

 明日も試合!
試合後の食事はどうしたらいいですか?

まず運動直後の栄養補給は必ず摂りましょう

 しかもとても疲れているようです……
夕食はどう工夫したらいいでしょうか?

疲労感が強い時には品数の多い食事は手が止まりやすいものです。一皿完結メニューがいいですよ!

 なるほど。おすすめのメニューを教えてください

ご飯と一緒に肉や野菜も摂れる
タコライスやビビンバなどはいかがでしょうか

 彩りもよくて元気になりそうですね

POINT

食べやすく、一皿で栄養補給が完結するワンプレートご飯がおすすめ。香味野菜やスパイスも上手に利用して!

翌日に試合がある日の夕食

試合が終わっても、翌日にまた試合が続く場合は食事によるケアが大切です。まず試合後は、「Q3 運動直後の栄養補給」を必ず行いましょう。試合で使い果たしたエネルギー源を補給する炭水化物と、傷ついた筋肉を回復させるためのたんぱく質をしっかり摂ること

で、回復のスピードも早くなります。

また翌日の試合を控えた日の夕食は、ある程度気持ちを穏やかにする必要はありますが、気持ちを落ち着け過ぎないようにすること。食材の色や香りで食欲を刺激して、次の日に向けて心と体を整えましょう。

ポイント ●疲れた体でも食べやすいように、工夫をしましょう。

消化がいいもの

消化に時間がかかる肉は、薄切りやひき肉を利用します。

色や香りで食欲を増進させる

食欲がない時は、スパイスや香味野菜を使って食欲を促しましょう。
例：キムチ、カレー粉、にんにく、ねぎ

食べやすいメニューにする

疲れていても食べやすく、胃腸に負担をかけないメニューがおすすめ。スプーンですくった一口の中に、ご飯・肉・野菜が揃っていれば、さまざまな栄養素が摂れます。
例：鍋料理、ひき肉を使ったタコライス、ビビンバ、ドライカレー

お役立ちメモ

カレーは試合後のお楽しみに

スパイスを使った料理といえば、カレーを思い浮かべる人が多いかもしれませんが、市販のカレールウには脂質が多く含まれています。翌日に試合がある時は、控えましょう。どうしても食べたい時は、ひき肉とカレー粉を使ったドライカレーを召し上がれ！

疲労感が非常に強い時は、煮込みうどん

試合で疲れてすぐに寝たい時には、消化がしやすいメニューにしましょう。
煮込みうどんや雑炊なら疲れた身体に優しく、栄養補給ができます。

体脂肪をつけずに、筋肉を増やしたい。
どんな食事がいいですか?

 柔道をやっているうちの子が筋肉を増やしたいと言っています
どんな食事をすればいいですか?

まずは食事量が足りていることが大前提ですね

 わかりました
特に摂るといいものはありますか?

筋肉の材料はたんぱく質です
運動後の食事でたんぱく質をしっかり摂りましょう!

 お肉を中心に食べればいいですか?

たんぱく質はお肉だけでなく、魚、卵、乳製品、大豆・大豆
製品からも摂れます。これらを組み合わせることがポイント

 体脂肪も気になるみたいです
どんな点に気をつければいいのでしょう?

調理方法に気を配ってくださいね
揚げ物は油の摂取が多くなりますよ!
筋肉作りにはビタミン、ミネラルも必要です
これらが不足すると体脂肪がつきやすくなります

POINT

**たんぱく質は動物性食品と植物性食品から。筋肉作りを
サポートするビタミンやミネラルも組み合わせて!**

筋肉を増やすための食事とは

筋肉を増やすには、食事量がきちんと摂れていることが前提です。エネルギー不足では、筋肉を増やすことができません。その上で材料となるたんぱく質の補給が大切です。動物性、植物性のたんぱく質を組み合わせながら、1日3回食べる食事と補食でしっかり摂るようにしましょう。またたんぱく質を合成するためには、ビタミンB6やカルシウムといった栄養素も必要です。

この他にも高たんぱく質で低脂肪の食材を選んだり、調理法も工夫しながら、食事とトレーニングで筋肉を増やしましょう。

ポイント

たんぱく質を組み合わせて摂る	たんぱく質は3食+補食で摂る	ビタミン、ミネラルも忘れずに摂る
1食ごとに動物性食品と植物性食品を揃えましょう。	たんぱく質は一度に吸収できる量に限りがあります。こまめに摂ることが効果的です。	質のよい筋肉作りには、ビタミンC、ビタミンB6、カルシウムも必要です。

+ツナ
+卵
+キウイ
+豆腐

お役立ちメモ

調理法で脂質をカット！

同じ食材でも、調理法を変えるだけで脂質をカットすることができます。例えば油を使う「揚げる」「炒める」といった調理法は、食材が油を吸収します。脂質を抑えたい時は、テフロン加工のフライパンを使い、油不使用で焼く、炒める。またはゆでる、蒸すといった調理法の工夫をしましょう。

低脂質の部位を選ぼう

肉は部位によって脂質の量が異なります。例えば、牛肉や豚肉ならロースやバラよりもヒレや赤身肉を、鶏肉ならもも肉よりも、ムネ肉やササミを選ぶことで脂質をカットできます。牛肉や豚肉の端にある脂肪を取り除くことで、脂質を抑えることができます。鶏肉は皮を外すことで脂肪分カットになります。

スタミナを強化したい、どんな食事をするといいの?

コーチからスタミナが課題と言われています。
家庭でできることはありますか?

長い時間動き続けるためには、心肺機能の向上や
筋持久力が必要ですね。トレーニングで強化しつつ、
食事からもスタミナアップを図りましょう

わかりました!

ポイントになる栄養素はエネルギー源である炭水化物と、
燃焼を助けるビタミンB群やマグネシウムです

炭水化物はいろいろな食品から摂りましょう。
青菜、種実類も一緒に摂るといいですよ

たくさん必要なんですね

はい、そうなんです。栄養素はチームワークではたらく
ので、いろいろな食品を揃えるといいですね

POINT

**炭水化物の種類を増やしながら、ビタミンB群、クエン
酸、鉄を摂ることで、効率よくエネルギーに!**

スタミナアップに必要な栄養

持久力を発揮するには、大量のエネルギーと酸素が必要になります。そのため、エネルギーの供給と酸素の供給をスムーズにすることがスタミナアップのポイントです。

多くのスポーツで利用されるエネルギー源は糖質です。そして、糖質をエネルギーに変換するには、ビタミンB群やマグネシウムのサポートが不可欠。より多くのエネルギーを生むには、これらを充実させる必要があります。さらに、酸素の供給を行うのは、血液のはたらき。ヘモグロビン中の鉄が酸素を抱えて、全身に運ぶため、鉄分も十分な量が必要です。

ポイント

いろいろな種類の炭水化物食品を摂る	ビタミン、ミネラルも忘れず摂る	3回の食事+補食で炭水化物を摂る
ごはんやパンなどの主食のほか、いも類やとうもろこしなど、糖質が多く含まれているものを組み合わせましょう。	糖質を効率よくエネルギー源にするためにはビタミンB群やマグネシウム、また血液を作るための鉄も欠かせません。	食事だけでは足りない時は、補食もうまく利用して炭水化物を摂りましょう。

人参
+
ごま

豚肉
+
じゃがいも

+オレンジ

かぼちゃ
+
ニラ
しめじ

お役立ちメモ

バテてしまう原因はビタミンB群かも？

ごはんやパンを食べているのにスタミナが持たない。その理由は糖質の代謝を助けるビタミンB群の量が不足している可能性があります。豚肉や魚介類の他に、ほうれん草などの青菜にも入っています。しっかり摂りましょう。

成長期は鉄需要が高まる?!

鉄は赤血球だけでなく、筋肉にも必要な成分であるため、身体の成長に伴って鉄需要が高まります。さらに運動をしていると発汗によっても鉄が失われるため、貧血のリスクが高まります。鉄は吸収率が低い栄養素なので、日頃からこまめに摂りましょう。

スピードを強化したい、
どんな食事がいいですか？

 サッカー をしているうちの子が、
動きにキレを出したいと言います

筋肉を素早く動かすためには、脳から筋肉に的確に指令
を伝えることが必要です。なので「動きにキレを出す」
には、神経伝達がスムーズに行われることが大事ですね

 神経伝達をスムーズにするために、
必要な栄養が何か知りたいです

練習前日からカルシウム、マグネシウム、ビタ
ミンB群を摂っておくことです。これらの消耗
を増やす食品は避けておきましょう

 その食品は、どんなものですか？

インスタント食品や加工食品、清涼飲料水、菓子類
その中に含まれるリンや白い砂糖ですよ

 おやつや補食にも気をつけないといけないですね

POINT

**足がつるのは、筋肉疲労とミネラルの不足が原因。前もっ
てカルシウムやマグネシウムの補給を！**

神経伝達物質のはたらき

　身体の素早い動きが正しく行われるためには、神経伝達がスムーズに行われることが重要です。例えば、ボールの動きを見て身体を動かす場合。まず目から入った情報は、神経伝達物質となって神経を通じて脳に送られます。脳はこの情報をもとに、手や足を適切に動かしてます。

　神経そのものはたんぱく質でできています。神経伝達物質の合成にはビタミンB群が関与し、カルシウムとマグネシウムが情報の受け渡して、コントロールしています。こうした栄養素がきちんと揃うことで、素早い動きができるようになります。

ポイント ●神経を正しくはたらかせる栄養素をしっかり摂ろう！

カルシウム	マグネシウム	ビタミンB群
牛乳、チーズ、ヨーグルト、ほうれん草、小松菜、干しえび、切り干し大根	未精製の穀物、青菜、海藻、ごま、ナッツ類、豆類	マグロ、カツオ、牛レバー、鶏ササミ、バナナ、くるみ、青菜、きのこ

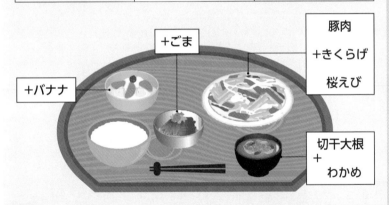

+ごま

豚肉
+きくらげ
桜えび

+バナナ

切干大根
+
わかめ

お役立ちメモ

必要な栄養素はあらかじめチャージ！

　例えば次の日にスピードを強化するトレーニングが多くなるとわかっているなら、前日からカルシウム、マグネシウム、ビタミンB群が含まれている食品を多く摂りましょう。練習後の食事や補食でも補充をしておきましょう。

インスタント食品以外にも注意！

　インスタント食品やスナック菓子などの加工食品、また清涼飲料量水に含まれているリンや白い砂糖は、カルシウムやビタミンB群の消耗を増やします。スピード強化練習の前後は控えましょう。

子どもの身長を伸ばしたい。
牛乳がいいって、本当ですか?

 うちの子はバレーボールをしているので、身長を伸ばしたいんです。牛乳はどうですか?

牛乳は確かに MBP が含まれていたり、カルシウムの補給源として優秀です。しかし、それだけでは身長を伸ばすためには足りないですね
※ MBP：乳清に含まれる機能性たんぱく質。骨密度を高めるはたらきがある

 ほかに必要なものがあるんですか?

カルシウム以外にも、たんぱく質、ビタミン D、ビタミン K、ビタミン C などが必要です

 そんなにたくさんの栄養素が必要なんですね。カルシウムだけ多く摂ってればいいのかと……

栄養素はチームワークではたらきます。どれかひとつということではありません

 「よく眠る子は、よく……」と聞きますが、睡眠はどうですか?

運動や睡眠の生活リズムを整えることも大切です。特に睡眠中に成長ホルモンが分泌されます。たくさん運動をしてご飯を食べた後、夜はきちんと眠かせてくださいね

POINT

カルシウムだけで骨は作くられません。たんぱく質、ビタミン、ミネラルを摂りながら、骨の成長を後押ししましょう

骨を作る栄養素

骨は破壊と合成を繰り返し、毎日少しずつ入れ替わっています。骨芽細胞によって新しく骨が作られるためには、骨を作る材料になるための栄養素を摂ることが大切です。

骨はたんぱく質を土台にして、カルシウムなどのミネラルが埋め込まれて作られます。カルシウムは乳製品だけでなく、豆腐、青菜、小魚からも摂ることができます。

土台作りにはビタミンC、カルシウムの吸収にはビタミンD、骨への沈着にはビタミンKといったビタミンのはたらきも欠かせません。

ビタミンC：果物・ブロッコリー・ピーマン・パプリカ

ビタミンD：魚・卵黄・干し椎茸

ビタミンK：納豆・青菜

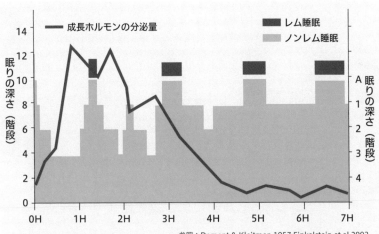

参照：Dement & Kleitman 1957 Finkelstein et al 2002

ジュニア期のアスリートにはとても重要になるのが、成長ホルモンです。成長ホルモンは、睡眠の初期の深い眠り時に多く分泌されます。また骨には、日中の間は上半身の体重の負荷がかかっていますが、夜になって身体を横にして休めると、縦方向の重力から解放されるため骨が成長します。夜は熟睡できるように、就寝時間になる前に睡眠できるような環境を整えましょう。

お役立ちメモ

骨は「縦方向」の刺激で強くなる！

骨は縦の方向に負荷がかかることで、骨をさらに強く成長させようとします。

毎日のトレーニングで刺激が入るジュニア期のアスリートは、骨の材料を揃えることで、成長のチャンスが広がります。

眠る前のブルーライトに気をつけて

ブルーライトとは、スマートフォンなどのデジタル機器から発する青色光です。眠る前や夜間にブルーライトを浴びると、睡眠ホルモンといわれているメラトニンの分泌が抑制されます。眠る1時間前からは、スマートフォンなどの使用を控えましょう。

Q11

骨折をしました。早く治して復帰したいのですが、食事で気をつけることは?

昨日、うちの子が練習中に足を骨折してしまって…
すぐに骨を強くするカルシウムを摂ったほうがいいですか?

大変でしたね
まずは炎症を抑える栄養素を摂りましょう

具体的には?

炎症を抑えるはたらきのあるビタミン A、C、E、を
摂ることです。緑黄色野菜や果物がいいですね

炎症はどのくらいの期間かかりますか?

ケガ後 2〜3 日は炎症が続きます。この間は、
揚げ物やスナック菓子、菓子は NG ですよ!

そうなんですね。その後の食事はどうしたらいいですか?

その後は、患部を治すために骨折ならば
骨の材料となる栄養素を揃えましょう

POINT

骨折してすぐは炎症を抑えるための栄養素、回復期からは骨を強くする栄養素を!

骨折やケガをした時の栄養

骨折やケガをしている部分は、腫れて熱や痛みを持つ炎症を起こしている状態です。まずは炎症を抑える抗酸化作用のある食品を摂りましょう。炎症が収まってきたら、骨作りに役立つ栄養素を摂ること。カルシウム、たんぱく質、ビタミンCなどが必要です。

骨折をしている間は、運動量が減るためエネルギー消費量が少なくなります。動けない時期に体重を増やさないように高たんぱく質、低脂質の食事を摂りながら食べる量を調整しましょう。

急性期 炎症が続く3日〜1週間程度

炎症を抑えるために、抗酸化作用のある食品（ビタミンA、C、E、亜鉛）

緑黄色野菜（トマト、かぼちゃ、にんじん、ブロッコリー）、果物、いわし、鮭

回復期 炎症が収まり、症状が安定した時期

骨の材料になるカルシウム、たんぱく質、ビタミンCを摂る。

カルシウム→牛乳、ヨーグルト、チーズ、小松菜、小魚
たんぱく質→肉、魚、卵、大豆製品、乳製品
ビタミンC →ブロッコリー、ピーマン、じゃがいも、
キウイ、グレープフルーツ

お役立ちメモ

お見舞いのお菓子は1週間ガマン

ケガをした人にお見舞いを持っていく時は、ケーキやスナック菓子といったお菓子はNG。炎症が続いている急性期に脂質、砂糖の多いものは避けましょう。どうしてもお見舞いに食品を持っていく時は、果物を選びましょう。

炭酸飲料やインスタント食品は避ける

骨折した時は、骨を強くするためのカルシウムが重要です。ただしインスタント食品や炭酸飲料に含まれているリンには、カルシウムの吸収を悪くするはたらきがあります。骨折してしまった時は、特に避けるようにしましょう。

Q12 ────→

疲労骨折をくり返しています。
食事で改善できることはありますか?

 うち子が、何度も疲労骨折を
くり返しています

疲労骨折とは同じ部位に小さな力が継続的に加
わることで、骨にヒビが入ることです。骨折にも
つながります。その日のダメージはその日のうち
に回復させる、休息やケアは充分に必要です

 どうして疲労骨折をくり返すのでしょうか?

疲労骨折をくり返すのは、小さなダメージの蓄積
が原因です。まずは練習後、きちんと疲労回復
するための栄養と食事を摂りましょう

 何か、やっておくことはありますか?

ジュニア期で疲労骨折をくり返すのは、食事量
不足が考えられます。身体の成長と運動量に
あった栄養を、しっかり摂るようにしましょう

POINT
**練習後の疲労回復をきちんとすること。身体の成長と運
動量にあった食事量かどうかもチェックして!**

疲労骨折しやすい、ジュニア期のアスリート

Q 12

骨や骨格筋が成長するジュニア期。特に15歳前後のアスリートに、「疲労骨折」が多くみられます。疲労骨折が小さな力が同じ部位に継続的に加わることで生じる骨折です。原因にはオーバートレーニングも考えられますが、何度も繰り返す場合は、ダメージが回復できていないことが考えられます。まず、疲労回復の徹底と骨の代謝に必要な栄養素を摂りましょう。

またジュニア期のアスリートは、成長するための栄養に加えて運動量にあった栄養が必要です。疲労骨折をくり返す場合は、食事量そのものが不足していないか。食事の質と量を見直しましょう。

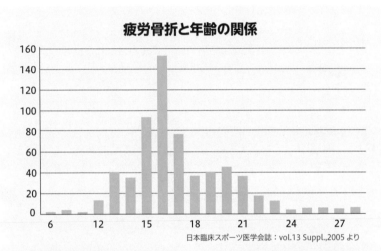

疲労骨折と年齢の関係

日本臨床スポーツ医学会誌：vol.13 Suppl.,2005 より

疲労骨折は 10 代前半〜 16 歳をピークにその後減少する。ピークを迎える頃は中学から高校に上がる時期と合致し、運動強度が急に上がることが原因と考えられている。この期間は第二次性徴ともかさなり、身体の変化が著しい。身体の成長に合わせて必要な栄養量も多くなる時期で、栄養不足になりやすい。

お役立ちメモ

疲労骨折、ジュニア期の女子アスリートは要注意

特にジュニア期の女子アスリートが、体重をコントロールするために無理なダイエットをすると、ホルモンのバランスが乱れることがあります。月経異常を引き起こすとエストロゲンという女性ホルモンのはたらきも弱くなるため、骨密度が低下。疲労骨折になるリスクが高まります。

無月経や骨粗しょう症にも注意して

骨の代謝に影響を及ぼしているのが、体脂肪量です。脂肪組織は女性ホルモンであるエストロゲンにも関係しており、体脂肪率が10％ぐらいになると無月経になることもあります。また極端にやせた状態が続くことは、骨粗しょう症になるリスクもあるので注意が必要です。

体重（体脂肪）を減らすためには、どうしたらいいですか?

体重を減らしたいので、ダイエットをしたいとうち子が言うのですが……

パフォーマンスを保ちながら体重を減らしたいですよね。体重には筋肉や骨の重さが含まれているので、大事なのは体脂肪のコントロール！

具体的には、どうしたらいいのでしょうか

まず、内容の見直しですね。
間食（おやつや甘い飲み物）からカットしましょう

食事で気をつけることはありますか？

見える脂質を減らしましょう。そして野菜量を増やして、エネルギー代謝は促しましょう。揚げ物を減らし、見える脂身は外す。野菜やきのこ類の多い料理にして、ビタミン・ミネラルを補って、エネルギー代謝を促しましょう

POINT

減らすのは体脂肪。低脂肪、高ビタミン・ミネラルの食事で、脂肪を減らし、付きにくくする

体脂肪を減らす時の食事

体重の中には、脂肪量、除脂肪量（筋肉や骨）が含まれます。体重コントロールで減らしたいのは体脂肪です。まずは、無駄なエネルギーを取っていないかを見直しましょう。揚げ物や菓子、菓子パンは高カロリーでありながら、栄養価が乏しく「エンプティーカロリー（空のカロリー）食品」といわれます。

こうしたものの摂取が多いと食べたものが上手に使われず、体脂肪をためる原因になります。揚げ物の回数を減らす、菓子は果物や焼きいもに変える、甘いジュースは100％果汁や牛乳にする、などの工夫が必要です

さらに、ビタミンB群、マグネシウムを補って、エネルギーの燃焼効率を上げることで、脂肪をためにくくします。

筋肉量を維持しながら体脂肪を落とすためには、1回の食事で食べる量は減らしても、食事の回数は減らさないようにしましょう。

「エンプティカロリー」と呼ばれる食品とは

カロリー以外のビタミンやミネラルといった栄養素が乏しい食品のこと。白い砂糖や精白された粉、油が多く含まれているので、体脂肪を減らしたい時には極力避けましょう。

ハンバーガー、フライドポテト、インスタント麺、チョコレートやケーキ、ドーナツ、ポテトチップスなどのスナック菓子、炭酸の入った清涼飲料水

お役立ちメモ

有酸素運動で体脂肪を減らそう

体内に酸素を取り込んでゆったりと軽い負荷をかける有酸素運動では、脂肪がエネルギー源として使われます。ジュニア期のアスリートの場合は、通学までの道をいつもより早足で歩いたり、親子で会話しながらゆっくりと走るのも◎。

スイーツを食べるのは特別な日だけ！

スイーツの代わりに果物やドライフルーツ、ヨーグルトやナッツなどを食べると、ビタミンやミネラルを上手に摂り入れることができます。スイーツは、がんばった自分へのごほうびとして特別な日に食べるようにしましょう。

なかなか体重が増えません。どうしたらいいですか？

毎日しっかり食べているのに、体重がなかなか増えません

動いている運動量に対して、食事量が足りていないことが考えられますね。補食を入れて、食事量を増やしてみましょう

でも、ご飯はモリモリ食べているんですよ

食事量の目安は巻末資料で、一度確認してみてください

食後にすぐにトイレに行ったり、便の回数が1日に3回以上あったりしませんか？ もしかすると、消化が十分に行われていないのかもしれません

そうなんですか!?

食事はよくかんで食べていますか？ 早食いは、かむ回数が少ないので消化不良を起こします。よくかんで食べることを意識して！ 食事を吸収する腸内環境を整えることも大切ですよ

POINT

食事回数を増やして食事量を上げましょう。食べるときは、よくかんで食べること

体重を増やしたい時の食事

体重がなかなか増えない原因は、食事量不足が考えれらます。補食を活用しながら食事回数を増やし、摂取量を上げましょう。筋肉量を増やすことを目的として、肉などのたんぱく質食品ばかりを多くしても、エネルギー源である炭水化物が摂れていなければ、体重を増やすことはできません。

そして消化吸収から見直すことも大切です。よく噛んで食事をすることは消化吸収をスムーズにします。また、腸内環境を整えることで腸のはたらきを高めます。ジュニア期だからこそ栄養摂取の下地作りをきちんと行いましょう。

食事量を見直し、補食をプラス

増量したい時は、補食を摂ることでエネルギー量を増やす。

炭水化物が多いものを食べる

身体を大きくしたい時もたんぱく質ばかりを食べるのではなく、炭水化物も食べる。いも類、根菜類、果物など、さまざまな食品を組み合せて食べる。

よく噛んで食べる

腸で消化吸収できるように、しっかりよく噛んで食べる。

お役立ちメモ

腸内細菌とは

腸内には100兆個もの腸内細菌がいて、善玉菌、悪玉菌、日和見菌がバランスを取りながら存在しています。善玉菌が増えると腸の運動を活発になり、消化吸収力や免疫力を高めてくれます。逆に悪玉菌が増えると、腸内環境は悪化してしまいます。

腸内の善玉菌を増やすには？

善玉菌を増やすには、食事から善玉菌（ビフィズス菌、乳酸菌など）を摂ること。善玉菌のエサになる食物繊維やオリゴ糖を食べることが有効。毎日の食事でヨーグルト納豆などの発酵食品や野菜やきのこ、海藻といった食物繊維の多い食品を食べましょう。

Q15

→ お悩み編 1 カラダの部位

階級制の競技です。体重コントロールは、どうしたらいいですか?

うちの子は、階級制の競技をしています。試合前は体重の増減が大変そうです

確かに階級制のスポーツは体重のコントロールが必要です。ただジュニア期は成長阻害、ケガのリスクが上がるので無理な減量はすすめられません

どんなふうに体重調整することを、伝えるべきかしら?

体重の増減は、摂取するエネルギーと消費するエネルギーのバランスです。まずは油脂、砂糖の量から減らしましょう。体重は1日のなかでも変動します。毎日の決まった時間に測り、日頃から体重管理をしておきましょう

毎日体重測定をするんですか!

食べて強くなるためにも、日々自分の身体と向き合うことが大切ですよ

POINT

無理な減量は絶対にNG! 少し体重を調整するだけで試合に挑めるためにも、毎日体重測定を!

階級制スポーツの体重調整

階級制のスポーツは、体重によって出場する階級が分けられています。同じ階級の相手と戦う時には、できるだけ筋肉量が多く体脂肪量が少ないほうが良いパフォーマンスを発揮することができます。ただしジュニア期は、大人の身体に成長するための大事な時期。極端な減量をすることは、絶対にすすめられません。また体重を増やすために、胃が消化す

る以上の食事を無理して食べることも、嘔吐や下痢の原因にもつながります。無理をせず、成長するタイミングを考えながら試合に向けた食事計画を立てましょう。

試合前に体重調整する場合、目標体重になるためには、いつ頃までにどれぐらいのエネルギー量にするべきか。ゆとりのあるスケジュールで、体重をコントロールします。

体重コントロールの考え方

食べた量（エネルギー）が多く、消費する量（エネルギー）が少ないと……

食べた量（エネルギー）が少なく、消費する量（エネルギー）が多いと……

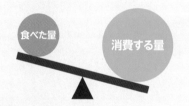

食べた量　消費する量

食べた量　消費する量

増量したい時

1日3回の食事＋補食で、エネルギーの摂取量を増やす。
1日に500〜1000Kcalを増やす。

減量したい時

菓子類、油脂の摂取量を減らし、高たんぱく質、低脂質の食事で、エネルギー量そのものを減らす。
1週間に体重の0.5%〜1%を減量。

例）40kgなら0.2〜0.4kg。1日にあたり300〜500Kcalを減らす。

お役立ちメモ

体重測定のタイミング

体重は1日の中でも、測るタイミングによって変化します。食事量でも変わるので、できるだけ同じタイミングで測定すると身体の変化もわかります。例えば朝起きて、ご飯を食べる前にトイレをすませた後や、練習前などがおすすめ。

大人のアスリートは体重をどう調整？

階級制競技の場合、少しでも有利な状態で試合ができるために、いつもは体重を少し増やしておき、試合に合わせてに合わせて減量しています。減量時の食事も必要な栄養素をとりながら、エネルギーを調整するのはジュニア期のアスリートと同じです。

太りたくないので、糖質をあまり摂りたくない。糖質制限って、いいの?

 審美系の種目をしているうちの子は減量したいようで糖質を摂りたがりません

糖質は悪者ではありませんよ。身体の成長や運動するためのエネルギー源。集中力を保つためにも必要です

 糖質を減らしてエネルギー源が不足するとどうなりますか?

身体の一部を壊してエネルギーを得ようとしてしまいます。成長にストップをかけてしまうだけでなく、ケガのリスクが上がります!

 それはマズいですね
糖質を摂る時に気にしておくことは何ですか?

はい。糖質の中でも気を付けてほしいものがあります。それは「白い砂糖」です。血糖値を上げやすく体脂肪になりやすいからです

 減らすなら白い砂糖ということですね!

POINT

糖質は身体にとって重要な栄養素。極端に減らすのはケガのもと。成長期の無理な減量はおすすめできません

アスリートは気をつけたい糖質制限

いわゆる「糖質制限」は、極端に糖質を制限するダイエット法として、最近注目されています。

ただ、糖質は、大人の身体に成長するジュニア期のアスリートには必要な栄養素です。特に糖質が分解されたブドウ糖は、脳の唯一のエネルギー源です。糖質を極端に減らすことで、疲れやすくなったり集中力が欠けたりします。練習中に集中力を切らさないためにも、糖質は必要です。

また糖質が不足すると、筋肉など身体の一部を分解してそのエネルギーを補おうとするため、ケガのリスクが高まります。自己流で糖質を制限することは避けましょう。

1食あたりの糖質量の比較

ごはん（1膳）150g
糖質 55.2g

食パン（6枚切1枚あたり）
糖質 26.6g　を2枚

※出典：「日本食品標準成分表 2015」より
※中学生になったら、この 1.5〜2倍を食べることが目安。

さらに詳しい量を
知りたい時は、
巻末付録をチェック！

炭水化物の種類

糖質	食物繊維
単糖類（それ以上分解されない糖）ブドウ糖、果糖など	人の酵素で消化されない、食べものに含まれる「難消化性成分」
二糖類（単糖類が2つくっついたもの）ショ糖、乳糖など	
多糖類デンプンなど	

お役立ちメモ

糖質＝炭水化物ー食物繊維

糖質は炭水化物の一部で、炭水化物から食物繊維を除いたものです。糖質は 1g あたり 4kcal のエネルギーになります。食物繊維は人の消化酵素で消化されない難消化性成分で、腸内環境を整えるはたらきがあります。

糖質の種類

単糖がいくつながっているかによって分けられます。単糖、二糖類は消化吸収が早く、つながる数が多くなるほど、吸収はゆっくりになります。

よく足がつります。
食事でできる対策はありますか?

 試合の後半になると、
よく足がつってしまいます

なるほど、そもそも「足がつる」状態は、
神経伝達のシステムエラーなのです

 システムエラー?

脳からの指令が筋肉に上手に伝わらなくなるとエラーを
起こして足がつってしまいます

 どうしてエラーになってしまうのですか?

運動量が多い時や、試合の後半になると、神経伝達に関わ
る栄養素が消耗してしまい、エラーが起こりやすいのです

 足がつらないように注意しておく栄養素はありますか?

カルシウム、マグネシウム、ビタミン B 群を
運動前の食事からしっかり摂りましょう

POINT

足がつるのは、筋肉疲労とミネラルの不足が原因。前もってカルシウムやマグネシウムの補給を!

足がつることを防ぐ食事

脳から出る指令が筋肉にうまく伝わらず、筋肉が異常な収縮をしてしまった状態を「足がつる」と言います。さらに筋肉を動かし続けることで疲労の蓄積や栄養分の消耗、発汗による脱水が進み、今までスムーズに行えていた神経伝達がうまくいかなくなります。筋肉が正しく動くためには、神経伝達を担う、カルシウム、マグネシウム、ビタミンB群のはたらきが重要です。日々の食事から積極的に摂りいれて、はたらくための準備をしておきましょう。また、これらの栄養素の消費につながる甘い物、加工食品は控えましょう。
（神経の役割 P.016～017 参照）

オリジナルふりかけを作ろう

すりごま、じゃこ、青のり、かつお節、桜えびなどを混ぜ合わせれば、「オリジナルふりかけ」が完成。

軽くフライパンで材料を炒ると、ふりかけの風味も増します。密閉容器に入れて、1週間ほどで食べ切るようにしましょう。

ごはんにかけたり、おひたし、納豆に混ぜれば、ビタミンやミネラルを手軽に摂ることができます。

甘い物、油の多い料理を控える

甘い物や油の多い料理、また外食や調理済みの加工食品ばかりを摂ると、神経伝達を担うビタミンやミネラルが不足します。さらに、代謝過程での消費も増えます。足がつることが多い時は、こうした食べ物も控えましょう。

遠征先にも気軽にふりかけを携帯

合宿や遠征試合の時は、旅館やホテルで出される食事だけでは摂りきれない栄養素も出てきます。オリジナルふりかけを持参することで、気軽にビタミンやミネラルを摂ることができます。

貧血かも？ 貧血改善の食事について教えてください。

最近、疲れが残りやすく、練習についていくのがきついみたいです

貧血かもしれませんね。酸素などを全身に運ぶ能力の低下で、バテや疲労感を感じやすくなります

貧血の改善にはやっぱり鉄分ですかね
どんな食事がいいですか？

鉄分の補給も大切ですが、それだけではよくなりません。造血を助ける栄養素も一緒に摂ることが重要です。血液づくりにはたんぱく質、ビタミン B_6、B_{12}、葉酸といった栄養素が必要です

貧血かどうかを調べるには？

立ち眩みや倦怠感だけで、貧血とは判断できません。気になるようなら、貧血かどうか血液検査をしてみることをおすすめします

POINT
鉄分のほかにも、たんぱく質やビタミン B 群、ビタミン C なども必要。食前食後の飲み物にも注意！

貧血を防ぐためには

　貧血にはいくつか種類があります。体内の鉄分が不足して起こる鉄欠乏性貧血はアスリートに多い貧血です。ジュニア期は身体の成長のためにもたくさんの鉄分が必要になる時期です。さらに発汗によっても赤血球の材料となっている鉄分が失われます。走りやジャンプなどの運動で着地する足裏の衝撃でも、赤血球が破壊されるため不足しがちです。

そのため特にジュニア期のアスリートは注意する必要があります。

　貧血は鉄分をしっかり摂ることも大切ですが、赤血球を作るためのたんぱく質、吸収をよくするためのビタミンC、たんぱく質の代謝をサポートするビタミンB_6、造血に関わるビタミンB_{12}や葉酸も、積極的に摂りましょう。

ヘム鉄と非ヘム鉄の違い

　鉄分には、動物性食品に含まれている「ヘム鉄」と、植物性食品に含まれている「非ヘム鉄」があります。吸収率は動物性食品に多いヘム鉄のほうが良いのですが、非ヘム鉄の食品もビタミンCや動物性たんぱく質と一緒に摂ることで、吸収率が高くなります。ヘム鉄、非ヘム鉄を合わせて摂るようにしましょう。

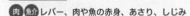

ヘム鉄 動物性食品に含まれていて、吸収率が高い

肉 魚介 レバー、肉や魚の赤身、あさり、しじみ

非ヘム鉄 植物性食品に含まれていて、吸収率が低い

野菜 小松菜、ほうれん草、納豆、いりごま、ひじき

お役立ちメモ

鉄分の吸収を促進するもの	鉄分の吸収を阻害するもの
・動物性たんぱく質食品（肉・魚） ・ビタミンC（ブロッコリー・パプリカ・ピーマン・ミニトマト・じゃがいも） ・クエン酸（梅干し・酢・かんきつ類）	・タンニン（緑茶・紅茶・コーヒー） ・フィチン酸（玄米・おから）

生理痛がひどいです。
食事でやわらげることはできますか?

生理がはじまると、うちの子はいつも辛そうです

生理痛は、子宮内で月経血を押し出そう
とするホルモン(プロスタグランジン)の
はたらきによるものです。身体が冷えてい
ると生理痛が悪化します

それなら、身体を冷やさない方が良いですね

生理中は、身体を温める温かいものを摂るなど、
身体を冷やさないように心がけましょう。また生理
によって鉄分が失われます。生理前からたんぱく
質と鉄分を摂りましょう!

しかも生理前になると、お菓子ばかり
食べることがあります

ホルモンの影響で食欲が抑えられず、甘いもの
を欲する時は、たんぱく質不足かもしれません。
魚・乳製品・大豆製品をしっかり食べましょう

POINT

**生理中は身体を冷やさないように、温かい料理や飲み物を
摂りましょう。生理前からたんぱく質と鉄分の多い食事を**

生理痛をやわらげるためには

生理痛は、子宮の収縮によって起きる下腹部の痛みや腰痛です。子宮には多くの血液が巡っていますが、身体が冷えることで血行が悪くなると、子宮が硬く凝り固まって収縮性が低下します。そうなると子宮収縮を促すプロスタグランジンの分泌量が増え、さらに強い子宮収縮が起こることで生理痛が悪化します。少しでも生理痛を和らげたいなら、身体を冷やさないこと。ホルモンや血液の材料になるたんぱく質、鉄分は生理前から意識して摂るようにしましょう。

どうして生理はくるの？

女性は約1ヶ月に1回、卵巣から卵子を排出します（排卵）。また、排卵にあわせて子宮内膜を厚くすることで受け入れ態勢を整えて、受精卵を待ちます。ところが、卵子が受精しなかった時は準備した子宮内膜がいらなくなるため、はがれて体外に排出されます。これが生理です。おおよそ25日から38日の周期で、妊娠に備えた身体の準備をしています。毎月きちんと生理がくることは、健康な身体のサインです。

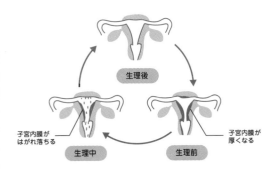

生理後

子宮内膜がはがれ落ちる

生理中

子宮内膜が厚くなる

生理前

お役立ちメモ

生理痛には黒い食べ物?!

中国の陰陽五行説の中にある漢方には、5つの味と5つの色の食材が5つの臓器を補う「五味、五臓、五色」という考え方があります。

黒色には腎臓や生殖器など、排卵や生理とも関係する器官をサポートするはたらきがあります。貝類、ひじき、黒豆、黒ごま、くり、海苔などがおすすめです。

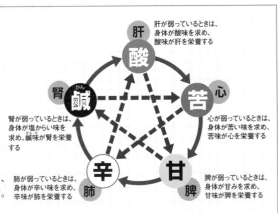

肝が弱っているときは、身体が酸味を求め、酸味が肝を栄養する

肝
酸

腎
鹹（かん）

心
苦

腎が弱っているときは、身体が塩からい味を求め、鹹味が腎を栄養する

心が弱っているときは、身体が苦い味を求め、苦味が心を栄養する

辛
肺

甘
脾

肺が弱っているときは、身体が辛い味を求め、辛味が肺を栄養する

脾が弱っているときは、身体が甘みを求め、甘味が脾を栄養する

便秘がちです。
食事から改善する方法は?

うちの子は普段から便秘がちです。
何がいけないのでしょうか

便秘は、水分不足、野菜不足が関係します。
緊張やストレスからビタミン C の消耗が多くな
ることも原因となります

そういえば試合が近いとよくないみたいです。
日頃から何に気をつけたらいいですか？

腸の運動を促すには、食事の「カサ」＝食物
繊維が必要です。野菜量をしっかり摂りましょう

便が硬い時は？

水分不足だと便が硬くなります。運動中
だけでなく、日常的な水分補給も見直し
てみましょう

POINT

日頃の食事から、水分と食物繊維をしっかり摂ろう

便秘を解消するために

便秘は、大腸の中にある便が長時間とどまることで、排便がスムーズに行われない状態のことです。3日ぐらい排便がない状態が続いたり、毎日排便があっても量が少なくてスッキリと出た感じがしない時も便秘と言えるでしょう。

便秘を防ぐためには、食物繊維の多い食事を摂ること。また便をやわらかくするために水分補給をすることや、良質な油も適度に摂る必要があります。

また腸のぜん動運動をコントロールしているのは、自律神経である副交感神経です。試合前のようにストレスが溜まると、腸の活動も低下します。リラックスして過ごせるように、心がけましょう。

腸内環境はトイレでチェックしよう

便の状態を7つの段階に分類した「ブリストルスケール」で、腸内環境をチェックすることができます。腸内環境が整っていると、便の状態は3〜5になります。硬すぎると便秘、やわらかすぎると下痢と判断します。理想は、1回にバナナ1〜2本分で強いにおいのないもの。4の便になれば、腸内環境は良好です。

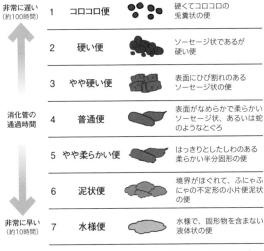

非常に遅い（約100時間）	1	コロコロ便		硬くてコロコロの兎糞状の便
	2	硬い便		ソーセージ状であるが硬い便
	3	やや硬い便		表面にひび割れのあるソーセージ状の便
消化管の通過時間	4	普通便		表面がなめらかで柔らかいソーセージ状、あるいは蛇のようなとぐろ
	5	やや柔らかい便		はっきりとしたしわのある柔らかい半分固形の便
	6	泥状便		境界がほぐれて、ふにゃふにゃの不定形の小片便泥状の便
非常に早い（約10時間）	7	水様便		水様で、固形物を含まない液体状の便

※参照：図・排泄ケアナビより

お役立ちメモ

食物繊維の多い野菜

食物繊維の多い食品は、雑穀米、いも、豆、野菜、果物、きのこ、海藻などがあります。食物繊維は、不溶性・水溶性の種類によって健康へのはたらきが異なります。いろいろな食品を組み合わせて摂りましょう。

汁物で野菜をたっぷり摂ろう

野菜量を増やしたい時は汁物を利用しましょう。水分補給にも役立つので一石二鳥です。煮汁ごと摂取するので、流出しやすい水溶性のビタミンも効率よく摂ることができます。

下痢をしやすいです。
食事でできる対策は?

 うちの子は、試合前になると
いつも下痢になるんです

下痢の原因は、お腹の冷え、脂の多い食事や
刺激物の摂り過ぎ、よく噛まずに食べた時、など、
身近なところに原因があります

 どうしたらいいでしょうか?

下痢をしてしまった時は、十分な水分を摂って、
胃腸を休ませる。下痢が落ち着くまで食事を抜
くのもひとつですよ

 試合前に下痢になる時は?

緊張やストレスから、自律神経が乱れ、腸の動きが
悪くなることが下痢の原因ですね。試合前に下痢を
しやすい人は、消化のよい温かいものを中心にして、
油ものは避けてください。それから、上手にストレ
スを発散しましょう!

POINT

**下痢は生活習慣、食習慣の乱れが原因。試合前は腸が
過敏になりやすいので、いつもよりも労わって**

下痢を解消するために

　下痢は、便に含まれている水分量が多く、液状の便が排出されることです。下痢になる原因はさまざまですが、腹部の冷えや咀しゃくができていないこと、高脂質や刺激物を暴飲暴食することで起きます。また環境の変化で自律神経のバランスが崩れることで起こる下痢は、腹痛もあります。ひどくなると脱水症状になるため注意が必要です。

　試合前は、緊張やストレスで、腸のはたらきが悪くなるので、下痢を起こしやすくなります。食べなれたものを食べる。繊維が多い、脂っこい、辛いなど刺激の強いものは避ける。なるべく温かいものを摂るようにして胃腸を労わってあげることも大切です。

下痢になった時の対処法

食事を1食中断して、お腹を休ませる	下痢が続く時は、まず安静にして胃腸を休ませる。白湯や麦茶、スポーツドリンクなどの水分を少しずつ摂る。
胃腸への負担が少ないものから食べる	腸への刺激が少ないものから、ゆっくりと食べる。例 おかゆ、具のない味噌汁、野菜スープ、豆腐、すり下ろしたりんご

※下痢のほかにも激しい腹痛や頭痛、嘔吐がある場合は、食中毒や感染性の腸炎など別の病気の可能性があります。早めに医療機関で受診しましょう。

お役立ちメモ

試合前は注意したい食品

・生もの（刺身、すし）
・ガスがたまりやすいもの（根菜、きのこ、海草類）
・脂っこいもの（揚げ物）
　試合前の胃腸はデリケート、いつもより慎重に。

試合当日、おなかが痛くなったら

　あわてずトイレを済ませ、痛みがやわらいだら常温〜温かい飲みものを少しずつ摂りましょう。ぬるめのスポーツドリンクなどがおすすめです。
　症状が落ちついたら、エネルギー入りゼリー飲料などでエネルギー補給を。

疲れがなかなかとれません。
どうしたらいいですか?

 疲れが抜けないようです

睡眠の状況はどうでしょうか?

 睡眠時間はたっぷりだと思うのですが……

睡眠の量だけでなく、眠りの深さの質も大切です。眠りの深さで、疲労回復のカギを握る成長ホルモンの分泌量が変わりますよ!

 質が大事なのですね。栄養補給でも気をつけることはありますか?

運動直後の栄養摂取を徹底しましょう。食事量が足りてないと、疲労回復はできません。食事量、夕食時間の見直しもしてみましょう

POINT

睡眠の質、運動直後の栄養摂取、食事量の見直しをしましょう!

疲れをためない食事とは

疲労回復のカギを握るのは成長ホルモンです。成長ホルモンは入眠して最初の深い眠りで分泌されますが、逆に眠りが浅いと分泌量が減ってしまいます。眠りの質が肝心です。成長ホルモンの分泌は睡眠時だけに限りません。運動をがんばった後にも、分泌タイミングがあります。疲労回復を確実に行うには、運動直後に分泌される成長ホルモンの作用を利用すること。そして、質のよい眠りをとること。十分な食事量が摂れていること。が重要です。

疲労回復のステップ

運動直後	運動後2時間以内	睡眠中
成長ホルモン分泌のゴールデンタイム。運動直後の栄養補給で回復スイッチを ON。（炭水化物：たんぱく質＝3：1の摂取）（Q3 P41 参照）	食事で細胞の修復、疲労回復の材料をチャージ。 2時間	成長ホルモンの最大分泌なる身体のメンテナンスタイム。睡眠の質を高くして、成長ホルモンを最大限に活かす。

成長ホルモンには、疲労回復のほか、骨や筋肉の発達を促す。免疫力を高めるといったはたらきがあります。ジュニア期だからこそ、食事だけでなく、睡眠の質も意識してみましょう。

お役立ちメモ

質の良い眠りを得るには

夕食の摂り方

夕食は眠る3時間前までに摂り終えるのが理想。3時間以内になってしまう場合は、軽めにして、消化負担を少なくしましょう。食べ物の消化が終わっていない状態で眠りに入ってしまうと、消化吸収に神経や血液が集中してしまい、眠る状態が整えられなくなってしまいます。

入浴は眠る90分前までに

夜になると体温が下がり眠くなります。入浴することで、一度体温が上がりますが、その反動で熱の放散を促し、スムーズに体温を下げることに役立ちます。

深部体温が下がるまでに約90分かかるので、入浴は眠る1時間～1時間半前に済ませることがおすすめです。

春のコンディショニング

子どもも私も花粉症です。春になるとくしゃみが
止まりません、何かいい対策はありませんか？

花粉が飛び始める前から準備をしましょう

どんなことをしたらいいですか？

腸内環境を整えること、炎症を起こしにくくする
ことがポイントです

どんな食べ物がいいですか？

発酵食品、ビタミン C が豊富な果物、青魚を
摂りたいですね

ビタミン C がいいのですか？

冬の間、ウイルスや菌から身体を守るために体内
のビタミン C が消耗します。そのまま春を迎えると、
アレルギー反応を起こしやすくなってしまうのです

POINT

ビタミン C を摂りながら、腸内の免疫力アップと炎症反応を出にくくするための食事を摂りましょう

春は花粉症対策で免疫力をアップ

春が近づくと気になる花粉症。スギやヒノキといった花粉に対して、身体がアレルギー反応を起こすことで、くしゃみや鼻水症状が現れます。運動中の集中力を妨げる原因になるので、悩まされている選手も多いです。症状の出方は、免疫機能が正常にはたらくことよって変わります。免疫機能を整えるには、腸内環境を良くすること。冬の間に低下した抵抗力を上げることが大切です。

さらに、アレルギー反応によっておこる炎症が広がらないようにするには、オメガ3系脂肪酸が有効にはたらきます。

腸内環境を整える食材

発酵 ヨーグルト、納豆、味噌、漬物、キムチ

繊維 「不溶性食物繊維」
ごぼう、玄米、豆類、いも類
「水溶性食物繊維」
昆布、わかめ、きのこ類、バナナ、いも類

抵抗力を高める食材

野菜 アスパラガス、キャベツ、クレソン、さやえんどう、ニラ、新じゃがいも、新玉ねぎ

果物 かんきつ類、いちご

炎症を抑える食材

オメガ3系脂肪酸が含まれているもの：青魚、くるみ、アマニ油、えごま油

花粉症対策におすすめの料理

ぶりしゃぶ
魚と野菜をたっぷり食べることができます。柑橘類をタレに加えるとビタミンCも摂れます。

カルパッチョ
オメガ3系脂肪酸は火を通さずに摂ることがおすすめ。新鮮な魚を使い、仕上げにアマニ油やえごま油を加えるとさらに◎

お役立ちメモ

アスリートと免疫力

免疫力とは、外からの刺激に対して抵抗できる力のこと。適度な運動は免疫力を高めますが、アスリートのようにハードなトレーニングを連日続けていると、かえって免疫力が低下します。ジュニアたちも運動後にかぜをひいたり体調を崩さないためにも、毎日の食事で免疫力を高めるように努めましょう。

旬の食材を食べよう

旬の食材は、春夏秋冬それぞれの季節にあります。スーパーなどで手に入れやすく、栄養価も高い上に味も良く、その時季に身体が求めている効果を備えています。季節によって変化する身体のコンディションにあわせて、上手にとり入れてみましょう。

夏のコンディショニング

夏バテや熱中症が心配です

運動中の水分補給は大事！　しかし、日常的に水分補給をドリンクだけに頼ってしまうのはかえって夏バテの原因になります

水分が大事だと思っていました、どうしたらいいでしょうか？

水分の多い夏野菜や果物、温かい汁物を利用しましょう

夏野菜、トマトとか？　スイカもいいですか？

はい。練習後の冷やしトマト、きゅうりはおすすめです。トマトは紫外線ダメージの保護にも役立ちます

食事はそうめんなどのど越しのよい麺類が多くなってしまうのですが……

気をつけたいことは、たんぱく質の摂取ですね。ささみをのせたり、納豆と一緒に食べるのがおすすめ！

POINT

旬の野菜や果物を利用して水分補給と紫外線をケア！
たんぱく質の補給も忘れずに！

水分補給の工夫と紫外線対策で夏バテ予防

夏バテは、体温調節による身体の疲れや食欲低下、紫外線ダメージが原因となって引き起こされます。

予防には、飲み物からだけでなく季節の食材や汁物から水分を補給をすること。旬の野菜や果物には水分が多く、身体の熱を外に逃がしてくれます。さらに、カラフルな色素成分には、強い抗酸化作用があり、紫外線ダメージのケアにはたらきます。夏はのど越しのよい麺類が多くなりやすく、身体作りに必要なたんぱく質の摂取量が減りやすい時期です。メニューや食べ方を工夫してたんぱく質補給も意識して行いましょう。

夏バテ対策のポイント

体温調節と紫外線対策

旬の野菜や果物を利用して、水分の補給と紫外線ダメージをケアします。

野菜 きゅうり、冬瓜、トマト、なす、ゴーヤ、ピーマン、モロヘイヤ

果物 スイカ、メロン、パイナップル、マンゴー、もも

温かい汁もの

温かい汁物を加えて、水分補給をすると同時に、胃腸のはたらきを整え、食べ物の消化吸収をスムーズにします。
例 味噌汁、スープ

消化のよいたんぱく質

バテ気味の身体には、消化吸収の負担を減らし、身体作りの材料を摂り入れる。
例 豆腐、ササミ、ひき肉、枝豆、温泉卵

夏におすすめの料理

温かい野菜スープ
色の濃い野菜の入った野菜スープで、抗酸化パワーを高めましょう。

具だくさんそうめん
そうめんの上に卵や鶏のササミを加えたり、野菜をプラスすることで栄養バランスもアップします。

お役立ちメモ

食べ方の工夫

咀しゃく

夏は発汗などで体内の水分が減少するため、だ液の分泌量が少なくなります。

よくかむことでだ液の分泌を促し、消化を助けます。さらに、だ液が分泌されると、それにともなって胃液、腸液などの消化液の分泌量も増えるため、消化吸収の環境が整います。

ひと口目は温かい汁物

食事のひと口目を温かい汁物にすることで、胃腸を温め、これから食事が運ばれてくる合図を送ります。

そうすることで、食事を摂りこむ準備をさせることができます。また、だしの香りは脳にリラックス効果を与え、自律神経のはたらきを整えて、消化吸収を促します。

秋のコンディショニング

うちの子は秋に体調を崩しやすいです。どんな対策をしたらいいでしょうか

まずは夏の疲れを取ることですね。夏の間に消耗した体力の回復を。炭水化物、たんぱく質の摂取がポイントです

涼しくなると、逆に食欲が出てきます

みなさんそういう傾向にあると思います。食事では、気温が下がり始めて寒暖差がでてきたら、冬の備えを。免疫力アップと粘膜の強化がポイントです

冬が近づくと、かぜが気になります

そうですね。きのこ類のβグルカンが腸内の免疫細胞を活性化します。オレンジ色の食べ物にはβカロテンが含まれ、粘膜を強くして菌やウイルスの侵入を防ぎますよ！

POINT

早秋で夏の疲れをリセット、晩秋は予防対策。食事で、細菌やウィルスに強い身体作りを！

早秋に夏の体力を回復させ、晩秋で冬に備える

早秋（9月〜10月中旬）には、まず厳しい暑さで低下した体力を回復させるためにエネルギー源となる糖質と、身体作りのもとになるたんぱく質を摂りましょう。旬の果物には、吸収しやすくエネルギー源になる果糖やブドウ糖が多く含まれているので、おすすめです。

晩秋（10月下旬〜11月下旬）になると、冬の乾燥やインフルエンザの流行に備えるために、免疫機能を高めたい季節です。免疫力を高めるきのこ類や、粘膜を強化するにんじんやかぼちゃなど、オレンジ色の野菜や果物をたっぷり食べましょう。

体力回復におすすめ

水分と糖質をたっぷり含む秋の果物、糖質とビタミンを含むいも類

野菜 さつまいも、さといも、じゃがいも

果物 もも、いちじく、なし、りんご

粘膜強化におすすめ

オレンジ色が目印。緑黄色野菜に豊富

野菜 にんじん、かぼちゃ、ほうれん草

果物 柿、みかん

かぜ予防におすすめの料理

きのこの炊き込みご飯
2〜3種類のきのこを組み合わせると、うまみもボリュームもアップします。

にんじんとかぼちゃのポタージュスープ
オレンジ野菜のダブル使いでカロテンを補給します。汁物は水分補給にもなり一石二鳥。

お役立ちメモ

かぜ予防は、手洗い、うがい、マスク

感染症は、手からウィルスが体内に侵入して発症することがほとんどです。まずはしっかりと手洗いをすること。口の中の細菌を減らし、のどの粘膜を潤すことができるので、うがいも一緒に行いましょう。マスクには気道粘膜を保護して免疫力を上げる効果があります。

水分補給でかぜ予防を

かぜのウィルスは、鼻や口からのどを通って身体の中に入ります。このウィルスの感染を防ぐのが、鼻の奥の粘膜にある線毛です。線毛は乾燥すると動きが鈍くなるため、ウイルスをうまく排出することができません。こまめに水分補給をすることで、ウィルスの侵入を防ぎましょう。

冬のコンディショニング

うちの子どうやら、冷え性のようなんです……

冷えは免疫力の低下を招き、
パフォーマンスにも影響します

やっぱり　そうですよね

まずは、体温を上げること。
そのためには朝食を摂りましょう

温かい料理を食べる。身体を温める性質のある
食材を使うこともおすすめ。逆に、冷やす性質
のあるもは避けたほうがいいです

なるほど！　冷やす性質があるものって
何があるんですか？

白砂糖、夏野菜やバナナ、マンゴー、
パインなどの南国の果物ですよ

POINT

**身体の内側から温めることで免疫力を高めましょう。温か
い料理や飲み物を摂り、身体を温める食材を使いましょう**

冬は身体を温めて、免疫力アップ

　冬は気温が下がり、乾燥と寒さから免疫力が低下します。体調を崩しやすい季節なので、免疫力を高めることを心がけましょう。私たちの身体は体温が上がると血液の流れがよくなり、免疫力が高まります。また1日のはじまりに朝食を食べることで、体温が上がります。たんぱく質は、食べる時に体内に熱を生み出すので、朝食でたんぱく質を摂ることが大事です。

　また身体を温める食材も、積極的に摂りたい季節です。根菜類は、年中ひんやりとした土の中で育つため、身体を冷やしにくい性質があります。鍋や汁物の中に根菜類を入れ、水分と合わせて摂るようにしましょう。

身体を温める食材
黒砂糖、くるみ、くり、根菜、しょうが、シナモン、赤唐辛子、

身体を冷やしやすい食材
白砂糖、こんにゃく、豆腐、トマト、きゅうり、バナナ、マンゴー、パイナップル

工夫 ▶ 生野菜サラダは身体を冷やしやすいので、夜ではなく、体温が高くなる朝・昼に。
冷やしやすい食材も温めて食べることで、冷やす性質が和らぎます。
豆腐は鍋や湯豆腐に。トマトは煮たり焼いたりするとよいです。

冷え対策におすすめの料理

シチュー
　とろみがあると、食べる時に熱が逃げにくく、胃腸にもとどまるので、保温効果が高いです。

雪見鍋
　ビタミンCが多く含まれている大根。大根おろしは生野菜が摂り難い冬の救世主です。

お役立ちメモ

しょうがは加熱したり乾燥させたものを

　しょうがには、血行を促して身体の中から温める、辛味成分のジンゲロールがあります。しょうがを加熱したり乾燥させると、辛み成分のジンゲロールがショウガオールに変わります。ショウガオールは胃腸から身体全体を温めるので、冬は加熱や乾燥をしたしょうがを使いましょう。

香辛料も上手に使って

　とうがらしの辛味成分のカプサイシンには、身体を温めて代謝をよくするはたらきがあります。にんにくやしょうが、シナモン、なつめにも、同じように身体を温めるはたらきがあります。料理や飲み物に、上手にとり入れてみましょう。

ジュニア期のアスリートの食事で、気をつけることはありますか？

ジュニア期だからこそ、気をつけたほうが
いい食事のポイントはありますか？

ジュニア期のアスリートの食事はお腹を
いっぱいにするだけでなく、身体が満足
する食事を心がけたいです

身体が満足する食事とは？

食事には味覚だけでなく、嗅覚、視覚、食感など
いろいろな情報が集まっています。その情報が刺激
となって、脳の発達にも生かされるので、様々な刺
激が入るような食事を摂ってほしいですね

いろいろな食材を摂ることが大切なのですね

いろいろな食材を食べることで、それぞれの食材
が持ち合わせる栄養素を取り込むことができます。
量を食べさせたい時も、食感の違いを利用すると、
量が入りやすくなりますよ

確かに、シャキシャキ、ザクザクとした
食感があるといいですね！

POINT

食事で得られる刺激の食感、色合い、味を利用して、
成長のチャンスを広げましょう

ジュニア期こそ大切にしたい、五感を刺激する食事

ジュニア期のアスリートは、身体が成長するための栄養と、身体を動かすための栄養が必要になる時期です。ただお腹を満たせればいいというものではありません。さまざまな食材を組み合わせて食べることで、身体に必要な栄養素を効率よく取り入れることができます。食事は身体を作る栄養を取り入れる役割だけでなく、五感を刺激できる大切な活動です。

特にジュニア期は消化器官も発達段階のため、しっかりかむメニューを摂り入れたい時期です。例えば、かみごたえがある食材をよく噛むことで、食べ物の消化を助けるほか、脳に流れる血液の量が増えるので子どもの脳が発達します。食感、色合い、季節感など、五感で感じる刺激も大切にしましょう。

食感を変えたい時に活用したい食材

サラダのトッピングに加えたり、納豆などに混ぜ込むと、味わいが深まり食感もアップします。

例 くるみ、アーモンド、ごま、玄米フレークなどのシリアル、じゃこ

食感アップの工夫
ハンバーグ … 角切りレンコンを混ぜる
ポテトサラダ … ナッツをトッピングしてカリカリ感をアップ

お役立ちメモ

野菜は切り方と調理法で味が変わる

野菜は「根・葉・実」を組み合わせて摂ることで、必要なビタミンやミネラルをまんべんなく摂ることができます。また切り方や調理法を変えると、味も食感も変わります。煮る、焼く、蒸す、揚げるなどを組み合わせて、メニューに盛り込んでみましょう。

苦手な食材は、味つけや食感を変えよう

どんなに栄養が豊富な食材でも、ジュニアたちにとっては苦手なものもあります。例えば和風の味付けが苦手なら洋風に変えたり、細かく刻んで大好きな料理に混ぜて食感を変えるのもいいでしょう。無理なくおいしく食べられるように、工夫してみましょう。

Q28

➡日常の食事編

朝、昼、夕、どこに重点をおいて食事をするべきでしょうか。

 1日3回食べる食事は、どんなことを考えながらメニューを決めればいいですか？

 ジュニア期のアスリートの身体に、今どんな栄養素が不足しているのか。何を強くしたいのか。それらを考えて、そのために必要な栄養を摂れるようにしたいですね

 3食とも、同じぐらいのバランスでいいですか？

 エネルギー量で言えば朝：昼：夜を、3：4：3の割合にするのが理想です。あとは練習の内容や身体の状態にあわせて、食事メニューを考えましょう

 学校に行くと、給食もあるので家庭ですべての食事を管理するのが難しいんです……

 身体のコンディションは、一人ひとり違います。また練習の時や試合前など、状況によっても摂りたい栄養が変わります。子どもたちにも1食ごとの意味を理解しながら、自分でメニューを考える力を身につけてもらいたいですね

POINT

1日3回食べる食事には役割があります。活動量が多くなる昼間にピークがくるようにするのが理想です

朝：昼：夜のエネルギー量は、3：4：3を目指して

私たちの身体には、体内時計と言われる一定のリズムが備わっています。1日3回、毎日同じ時間帯に食事を取ることで体内リズムも整い、食べ物の消化吸収もスムーズに行われるようになります。

食事には、それぞれ役割があります。朝食は眠っていた身体を起こして、1日の活動を準備するための食事です。朝食を摂ることで副交感神経から交感神経へとスイッチが変わるので、活動的に動くことができます。昼食は、朝食と夕食をつなぐための食事です。活動量が多くなる日中にエネルギーを補うことで、血糖値を一定に維持できます。夕食は、疲れた身体を修復しながら、翌日に向けて力を蓄えるための食事です。そして3食で不足するエネルギーを補うのが、補食です。

毎食のエネルギー量は、朝：昼：夜を3：4：3の割合になるように、食事のボリュームを考えましょう。

食べ物を消化、吸収、排泄するサイクル

栄養素の代謝、吸収にも体内時計が関わっていることが分かってきています。代謝や吸収は24時間いつでも行われていますが、その中でもはたらきが強い時間帯があります。身体のリズムに合わせて食事することで、身体のコンディションが整いやすくなります。

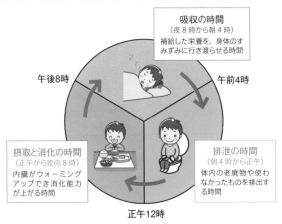

吸収の時間
（夜8時から朝4時）
補給した栄養を、身体のすみずみに行き渡らせる時間

午後8時　午前4時

摂取と消化の時間
（正午から夜の8時）
内臓がウォーミングアップでき消化能力が上がる時間

排泄の時間
（朝4時から正午）
体内の老廃物や使わなかったものを排出する時間

正午12時

お役立ちメモ

朝食でリセットされる体内時計

私たちの身体には臓器ごとに体内時計があり、24時間15分周期のリズムを作って細胞を動かしています。24時間で活動している私たちの生活とのズレを調整するのが、朝食です。朝の光を浴び、朝食を摂ることで、中枢神経と抹消の神経がリセットされ、体内時計を規則正しく動かすことができます。

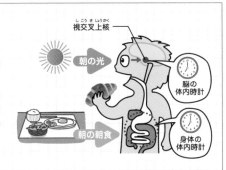

視交叉上核（しこうさ じょうかく）

朝の光

脳の体内時計

朝の朝食

身体の体内時計

朝ごはんが食べられません。
どうしたら食べられますか?

うちの子は、いつもギリギリまで寝て、
朝ごはんを食べずに学校に行きます

朝食が食べられない理由は、前日の夕食に
問題がありそうですね

そう言えば、朝はお腹がすかず、
何も食べたくないと言います

寝る直前に食べると消化が終わらないまま
眠ってしまうので、朝に不快感が残ります。
夕食の摂り方を見直してみましょう

食べてくれない時の朝食は、
どうしたらいいですか?

はじめは飲み物からでもよいので、
朝食を摂る習慣をつけましょう

まずは夕食の調整をしながら
少しずつ始めてみます!

POINT

**朝食は身体と脳を目覚めさせる役割があります。少しず
つ食べる習慣をつけましょう**

朝食を摂る習慣をつけるには

朝食をあまり食べないジュニアたちがいますが、ジュニア期のアスリートは、成長するための栄養と運動するための栄養が必要です。朝食を食べることで、副交感神経から交感神経に切り替わるので、眠っていた身体を元気に動かすことができます。朝食を抜くと、こうしたスイッチが切り替わらないので、思うように動くことができません。朝食は、必ず取るようにしましょう。

朝食を摂る習慣がない人は、飲み物を飲むことからはじめて、慣れてきたら徐々に食事量を増やしていきます。また、胃もたれがある時は前日の夕食を見直しましょう。もちろん、ギリギリの時間まで寝ていると食欲も湧きません。余裕を持って朝食を食べられるように、少し早く起きる習慣もつけましょう。

朝食を食べる習慣をつけるためのステップ

ステップ1 ▶	ステップ2 ▶	ステップ3
コップ1杯の 飲み物を飲む	シリアルとヨーグルト を食べる	ご飯やパンとおかず を食べる
朝食を毎朝食べる習慣をつけるために、コップ1杯の飲み物からはじめましょう。果汁100%のジュースと牛乳を混ぜたフルーツラテなら、エネルギーとたんぱく質を一緒に摂れます。	朝食を取る習慣がついて身体が慣れてきたら、食べやすい固形物を摂りましょう。ヨーグルトとシリアルなら、火を使わずに手軽に食べられます。玄米や雑穀が入ったシリアルなら、食物繊維も豊富です。	ごはんやパンなどの炭水化物とたんぱく質が同時に摂れることを目指しましょう。さらに時間がある時は、サラダや野菜ジュースを加えると栄養バランスも整います。

お役立ちメモ

手軽で簡単！ オムレツトースト

<材料>（1人分）
食パン6枚切り1枚、A［卵1個、ピザ用チーズ適量、ツナ適量、ミックスベジタブル適量］、バター適量
<作り方>
❶食パンの耳を1cmぐらい残して、パンの耳の枠とパンの白い部分に分ける。
❷フライパンにバターを入れて溶かし、パンの枠部分を焼く。
❸❷が焼けたら、混ぜ合わせたAを注ぎ、パンの白い部分をかぶせて両面焼く。

Q30

→日常の食事編

朝食は朝練の後に食べます。朝練前の食事は、どうすればいいですか?

 朝から練習がある日は、とにかく忙しそうで……
食べずに練習に出かけます

なるほど。私たちは眠ている間もエネルギーを
使っているので、そのまま朝から運動をするの
は、明らかにエネルギー不足ですね。ケガにも
つながりますから、なるべく避けたいです

 慌ただしい時も、朝食は摂ったほうがいいですか?

はい。練習前と練習後に分けて、朝食をとりま
しょう! ギリギリまで寝ている時などは、果汁
100%のジュースや牛乳がいいですね。エネル
ギーになるものを身体に入れましょう

 ゆっくりで時間がある時は?

消化が早い炭水化物がいいですね。おにぎりや
バナナなどがよいでしょう。朝食後すぐに動ける
ように、量を調整しながら食べましょう

POINT

**朝練がある日は、練習前後に分けて朝食を。練習前は炭水化物が
多いもの、練習後は補食でたんぱく質とビタミンを補いましょう**

朝練がある日の朝食

朝食は、身体と脳を目覚めさせるだけではありません。私たちの身体は、夜眠っている間もエネルギーを使っているため、朝食には夜の間に失ったエネルギー源を頭と身体に補給する役割もあります。ただ、朝食を食べ過ると消化に時間がかかるため、朝練習で思うように身体を動かすことができません。朝から練習がある日は、朝食を2回に分けて食べるようにしましょう。

練習前の朝食では、消化が早くエネルギー源になる糖質を摂ること。雑炊、おにぎりやバナナがおすすめです。練習後は、補食でたんぱく質とビタミン・ミネラルを補います。朝の練習後に授業がある時は、おにぎりやサンドイッチの具材でいろいろな栄養素が摂れるように工夫しましょう。

お弁当のおかずで、朝練前の朝食を作ろう

昼に食べるお弁当のおかずをアレンジすることで、朝練前の朝食も作ることができます。

ひじき → 朝練前の朝食

ひじき入り混ぜおにぎり

ひじき入り卵焼き

おにぎらず（ひじきごはんと卵焼き入り）

ひじき → 昼のお弁当

ひじき混ぜご飯

お役立ちメモ

栄養補助食品は、朝食の代わりになる？

栄養補助食品を朝食の代わりに利用する人もいますが、栄養補助食品は食事ではありません。ジュニア期のアスリートは、ご飯やおかずを1日3食きちんと食べることが基本です。まずは、栄養補助食品ではなく食事から摂ることを習慣化しましょう。

こんな時に、栄養補助食品を使おう！

・猛暑で、衛生的におにぎりなどを食べるのが不安
・遠征先で、いつもの朝食が食べられない
・練習や試合の合間に摂る補食

Q31

→日常の食事編

部活が終わって帰宅まで時間があきます。夕食はどうしたらいいですか?

通学時間が長い、部活の後に塾などの習い事に行く そんな時夕食はどうしたらいいの?

練習が終わったら、すぐに運動直後の栄養補給 をしましょう。そして夕食は帰宅前(習い事の前) と帰宅後の2回に分けて摂りましょう

そんなにこまめに食べるんですか!

そうです。運動直後の栄養補給で、練習の ダメージを回復させるスイッチを入れます。 夕食を2回に分けるのは、胃腸の負担を減ら すためです

2回分の内容はどう考えればいいですか?

1回目の夕食はおにぎりやサンドイッチで エネルギー補給。2回目の夕食ではたん ぱく質食品や野菜を使った煮込みうどんや 具だくさんの汁物がおすすめです!

POINT

練習直後の補食と、夕食を2回に分けることで、胃腸の負担を軽減。翌日に疲れを残さないように、消化のいいものを食べましょう

夕食を分けて摂る意味とタイミングとは

夕食は、その日の疲れを取り、翌日に向けた身体作りをするための食事です。ただ夜遅い時間に夕食を摂ると身体が十分に休息することができません。夕方の練習後、帰宅時間が遅くなることが予想できるなら、夕食を2回に分けて摂る準備をしてから練習をはじめましょう。

まず練習直後20分以内の栄養補給は、疲労回復をすみやかにするために欠かせません。また帰宅までの間で、トレーニングで失われたエネルギーを補給するために糖質を摂りましょう。帰宅してからの夕食は、傷ついた筋肉を修復するためのたんぱく質や、ビタミン・ミネラルを補う野菜類を摂ること。脂質が控えめで、消化のいいものを食べるようにしましょう。

夕食と補食のタイミング

〈夕方に練習がある場合〉

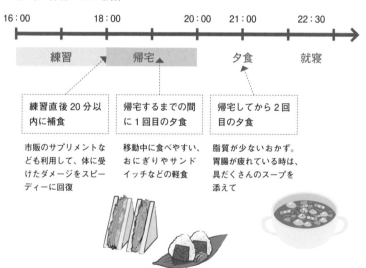

練習直後20分以内に補食

市販のサプリメントなども利用して、体に受けたダメージをスピーディーに回復

帰宅するまでの間に1回目の夕食

移動中に食べやすい、おにぎりやサンドイッチなどの軽食

帰宅してから2回目の夕食

脂質が少ないおかず。胃腸が疲れている時は、具だくさんのスープを添えて

成長ホルモンをうまく使って、ダメージの回復を!

練習の疲れを翌日に残さないためには、筋肉を修復させる成長ホルモンが分泌するタイミングで身体をケアすることが大切です。このタイミングを逃さず、栄養補給を行います。

3回あるタイミングを見逃さないで!

ステップ1：運動直後20分以内
ステップ2：運動後2時間以内
ステップ3：眠っている間
（お悩み編②　体調 Q22 P.078-079 を参照）

おすすめの補食（間食）はありますか？

補食と間食の違いって何ですか？

補食は3食を補う食事のことです。間食は食事以外に
食べるチョコや菓子などのおやつのことです

補う食事？

カルシウム不足ならヨーグルトをカルシウム不足
ならヨーグルトを食べるなど、必要なエネルギー
や栄養素をカバーする食事です

じゃあケーキは？

嗜好品の部類で、炭水化物と脂質以外の栄養は
少ないので、補食にはなりません

補食はどんなタイミングで摂ったらいいですか？

エネルギー源の補充が必要な練習の前後や、
食事と食事の間など時間に余裕があるタイミ
ングを利用しましょう

POINT

**補食は、3食で摂りきれない栄養を補うためのもの。ビ
タミンやミネラルが摂れるものを**

補食で、1日の食事を完成させよう

補食は、必要な栄養分を満たすもの。エネルギーが足りないならおにぎりやパン、ビタミンが足りないなら果物のように、3食で摂りきれなかった栄養を補います。自分の身体を作るためには、どんな材料のものをどれぐらい食べたらいいのか。身体に必要な栄養を考えながら、補食を選びましょう。

ケーキやスナック菓子などのおやつは炭水化物と脂質が多く、他の栄養素をほとんど摂ることができません。特別な日のご褒美として食べることは問題ありませんが、毎日のように食べることは避けましょう。

運動前の補食は、消化のしやすいエネルギー源を摂る

〈練習30分前〉

エネルギー入りのゼリー、スポーツドリンク、果汁100%のジュース

〈練習1時間前〉

おにぎり、ひと口サイズのパン、バナナ、カットフルーツ

練習前後ではない補食は、足りない栄養素が摂れるものを摂る

〈たんぱく質〉

ゆで卵、チーズ、ヨーグルト、豆乳

〈ミネラル〉

チーズ、ヨーグルト、小魚、ナッツ、海藻、シリアル

〈ビタミン〉

果物、ドライフルーツ、果汁

お役立ちメモ

加工食品はここをチェック

原材料名は、重量の割合の高いものから順番に表示されています。また添加物は、スラッシュや改行で区分して書かれています。カロリーや脂質の量などもチェックしながら選びましょう。

商品名：**チョコチップクッキー**

名称：焼き菓子
原材料名：小麦粉（国内製造）、砂糖、マーガリン、
　　　　　チョコレートチップ（乳成分を含む）、
　　　　　卵、食塩
添加物：乳化剤（大豆由来）、香料、カラメル色素、
　　　　膨張剤

練習がない日の食事は、どうしたらいいですか?

 練習ない日は「栄養」とか考えてません

練習が休みでも身体作りは行われています。数日の休みなら、ボリュームは変えず、いつも通りの食事で ◎

 では、たんぱく質とかすべて同じでよいですか?

成長のために栄養分が必要です。数日なら体組成への影響は少ないので、同じ量で構いません

 1週間とか練習を休む日は?

運動で使うエネルギー量が減るので、脂肪分の多い食事は避けましょう

 糖質は大丈夫ですか?

体脂肪が気になる場合は、量を控えめにしましょう

POINT

数日の休みなら、いつもの食事。1週間以上休みが続く時は、脂質控えめの食事でカロリーオフ

練習がない日の食事と、オフシーズンの食事

ジュニア期のアスリートは、練習を休んでいる時でも身体が成長するための栄養が必要です。また練習がない日も活動量が多いので、食事量が同じでもすぐに体脂肪になるわけではありません。

ただし年末年始や、練習を1週間以上休む時は、食べ方を考えましょう。

余分な脂肪をため込まないように、たんぱく質、ビタミン、ミネラルはいつもと同じように摂りながら、脂質控えめの食事にしましょう。甘いお菓子や脂質の多いスナック菓子も、頻度を控えましょう。

オフシーズンの食事

脂質を抑えるには、調理法を変えたり食べる量を減らしてみましょう。たんぱく質、ビタミン、ミネラルはいつも通り摂りましょう。

こんなメニューでカロリー＆脂質オフ
ポテトサラダ → 野菜サラダ
　ポテトサラダは、マヨネーズの代わりにヨーグルトを使うとカロリーオフ。野菜サラダは、ドレッシングのかけ過ぎに注意しましょう。

とんかつ → 豚肉のしょうが焼き
　パン粉を使って揚げるとんかつは、衣が油を吸うのでカロリーが高くなります。同じ豚肉を使うなら、しょうが焼きに変えましょう。フッ素加工のフライパンなら、使う油の量も抑えられます。

チャーハン＋ラーメン → チャーハン＋野菜炒め
　サイズそのものを変えるだけでも、脂質を抑えることができます。

お役立ちメモ

ジュニアと大人の境目は？

　身長の伸びが止まると、成長期が終わります。個人差はありますが17～18歳くらいが目安です。成長に必要な栄養分は少なくなりますが、競技レベルがあがると練習がハードになるので、体重を管理しながらの栄養補給が必要です。

W炭水化物に注意！

　1週間以上練習がない時は、炭水化物の摂り方に注意しましょう。
＜こんなメニューに気をつけて＞
うどん＋かやくごはん、お好み焼き定食、焼きそばパン、そばめし、力うどん

忙しい毎日、何か作り置きできる おかずはありますか?

毎日ハードすぎて私も疲れた
いろいろ揃えるのは大変なので、
いい方法はありますか?

作り置きやちょい足し食材で、普段の食事を
簡単に栄養価アップさせましょう

先生のおすすめは?

ほうれん草やブロッコリーはゆでてストックしておきます。
仕上げに加えるだけで、栄養価がプラスできます

野菜は下処理が面倒ですよね

サラダに使う野菜も、一度洗って
すぐ食べられる状態にしておくと便利です

ひと手間が大事なのですね

時間がある時に作りたいものは、乾物を使った常備菜
いろいろとリメイクもできますよ

POINT
温野菜があると時短。乾物料理があれば、さらに栄養バランスも◎

上手に活用したい作り置きおかず

ビタミンやミネラルが摂れる野菜は、毎日食べたい食材です。野菜は種類ごとに含まれている栄養素が違うので、根・葉・実の部位を組み合わせて食べましょう。また野菜は火を通すことで多く食べられます。温野菜も摂り入れましょう。

作り置きおかずは、忙しい時はもちろん、献立に迷った時にも便利。品数が増えると栄養バランスも整います。特に乾物を使った料理なら買い置きしやすく、食材に凝縮された栄養も摂ることができます。時間がない時は、冷凍野菜を使って下ごしらえの手間を省きながら無理なく続けましょう。

時短テクニック

1. 冷蔵、冷凍野菜で時短

サラダ用野菜は洗って保存袋に入れて冷蔵。ねぎや小松菜は食べやすくカットして冷凍用保存袋に入れて冷凍すれば便利です。

2. 温野菜を保存容器に入れて時短

ブロッコリー、ほうれん草などは、まとめてゆでて保存を。下ごしらえをしておけば、和え物にしたり、汁物に入れたり、卵と炒めたりとレパートリーが広がります。

3. 乾物を使った作り置きおかずで時短

切り干し大根やひじきを使った煮物は、定番の作り置きおかずです。そのまま食べることに飽きたら、リメイクをしながらおかずのレパートリーを増やしましょう。

🍲 ひじきの煮物→ハンバーグや卵焼きに混ぜる
　切り干し大根→ちらし寿司に加えたり、カレーうどんに入れる

お役立ちメモ

カット野菜は使ってもいい？

スーパーやコンビニにあるカット野菜。袋から出してすぐに使えるので便利ですが、必要以上に洗浄されているものもあります。またカットした後、かなり時間が経過している野菜です。できるだけ鮮度の良い旬の野菜から栄養を摂るようにしましょう。

市販の冷凍野菜も上手に使って

ブロッコリーやほうれん草など、市販の冷凍野菜にはさまざまな種類があるので、あと1品欲しい時に便利。収穫後の野菜を急速冷凍しているので、栄養価の損失もあまりありません。冷凍庫に常備しておくと、買い物に行けない時にも助かります。

夏は衛生面が心配。気温が高い時は、どんな補食がおすすめですか？

 暑い夏の補食って、手作りしようと考えると悩んでしまいます

無理して手作りしなくてもいいです

 何を持たせたらいいですか？

個別包装や食べきりサイズのものがいいですね

 例えば？

一口ようかんとか、パンエネルギーゼリーでもOK

 手作りしないほうがいい？

子どもに食材の衛生管理を任せるのは難しい安全面を第一に考えましょう

POINT

食材の傷みが気になる夏。無理して手作りせず市販品を使いましょう

手作りにこだわらず、市販品の利用を

湿度や気温が高くなる夏は、細菌性の食中毒が多く発生する時期です。補食として手作りのおにぎりを持たせたいご家族の気持ちはわかりますが、衛生管理が十分とは言い切れません。夏だけは市販されている食べきりサイズのものや、個別に包装されているものを補食として利用しましょう。

気をつけたいのが、たんぱく質が多く含まれている市販品です。例えばチーズなら数時間で風味が悪くなり、ヨーグルトや牛乳はすぐに劣化します。パッケージに「要冷蔵」と書かれているものを、常温で持ち運ぶことは避けましょう。

補食として上手に利用したい市販品

個包装、食べきりサイズでエネルギー補給ができるもの

カステラ、ようかん、みたらし団子、パン、干しいも、エネルギー入りゼリー、栄養補助食品、100%果汁、ドライフルーツ、ナッツ

お役立ちメモ

夏のお弁当は、詰める時にも注意

夏のお弁当に入れるおかずは、濃いめの味付けにして水気をよく切り、しっかり冷ましてから詰めましょう。市販されている抗菌シートや抗菌カップを使うことで、菌の繁殖を防ぐことができます。おにぎりはラップを使ってにぎれば、成型しやすく衛生的です。

お弁当は保冷バッグで持ち運んで！

おかずの傷みを抑えるには、弁当箱内の温度を上げない保冷剤や保冷バッグを使うと効果的。保冷バッグの中に弁当箱を入れ、その上に大きめの保冷剤をのせることで温度の上昇を抑えることができます。保冷バッグを過信せず、できるだけ早くお弁当を食べきるようにしましょう。

鶏肉が大好き。
鶏肉だけを食べ続けても大丈夫ですか?

 鶏肉が好きで、鶏肉ばかりを食べます

鶏肉はアスリートに好まれますが、
1種類の食品に偏ることはNGですよ!

 なぜでしょう?

鶏肉にはあくまでも鶏の一部に過ぎません。
人の身体を作り上げるためのアミノ酸の量と種類
が鶏肉だけで摂れるわけではありません

 お肉の種類を変えたらいいのですか?

お肉の種類もいいですが、大きくアミノ酸の
組成が異なる植物性のたんぱく質食品を組み
合わせるといいですよ

 豆腐とか納豆?

納豆なら手間いらずで加えることができますね

POINT

**鶏肉だけはNG。いろいろな食材からたんぱく質を摂り
ましょう**

食材を組み合わせて食べたい、たんぱく質

たんぱく質は、アミノ酸がつながってできたものです。人間の身体を構成しているアミノ酸は20種類ありますが、9種類は体内で作ることできないため食事から摂る必要がある必須アミノ酸です。例えば筋肉をつけるために鶏ムネ肉ばかり食べる人がいますが、これでは鶏ムネ肉を構成するためのアミノ酸しか摂れないため、人間の身体を構成しているアミノ酸としては不十分です。

人間の身体を構成するためには、いろいろな食材に含まれているたんぱく質を摂ること。また動物性、植物性のたんぱく質を組み合わせることで、身体に必要なアミノ酸をバランスよく摂ることができます。

いろいろな食材に含まれているタンパク質で、身体を作ろう！

たんぱく質は、肉や魚、卵、乳製品など、動物性の食品に多く含まれています。植物性の食品では、大豆や大豆製品があります。

魚 不飽和脂肪酸、ビタミンDを多く含んでいます。

貝類 カルシウムや鉄分なども含まれています。

乳 脂質・炭水化物に加え、カルシウムやビタミンB群も豊富です。

肉 牛肉は脂質が豊富。ビタミンや鉄分なども含まれています。
豚肉はビタミンB1が多く、脂質には不飽和脂肪酸が含まれています。
鶏肉はビタミンAが多く、ササミや鶏胸肉は脂質が少ないので、アスリートに人気です。

大豆 「畑の肉」と呼ばれるほどたんぱく質が豊富。脂質、ビタミンB群も含有。

卵 たんぱく質の他に鉄分、ビタミンB群など、ほぼすべての栄養素をバランスよく含みます。

お役立ちメモ

卵は本当に完全栄養食品!?

卵には、たんぱく質の他にも脂質やビタミンなど、ほぼすべての栄養素がバランス良く含まれています。また卵には必須アミノ酸がすべて含まれているため、アミノ酸スコアは100。ただし、ビタミンCと食物繊維は含まれていません。卵を摂り入れたバランスの良い食事が重要です。

アミノ酸スコアとは？

アミノ酸スコアは定められた基準に対して、どれだけ満たしているかを評価したもので、アミノ酸のバランスが100%揃っていることを示すものではありません。

食品が持ち合わせるアミノ酸を最大限に活かすには、食材を組み合わせることが大事です。

野菜をおいしく食べる方法を教えてください。

ほうれん草みたいな青菜が苦手です。
どうしたら食べてくれますか？

野菜がおいしくない原因をクリアにしましょう

おいしくない原因？

野菜は鮮度が落ちると、おいしさも栄養も低下。
ハリやツヤもないし、見た目もイマイチです

確かに、おいしくなさそうなんですよね

青菜ならゆで方によって味が変わります

ちょうどいい、ゆで方にできるかしら？

ちょっとしたコツがあります。
ぜひ覚えてチャレンジしてみて！

POINT

野菜がおいしくないと感じる原因をなくしましょう。鮮度、調理法にもひと工夫

野菜の選び方と調理法

野菜が苦手であまり食べないジュニアたちがいます。苦手な野菜を無理して食べさせるのではなく、まずは野菜がおいしくないと感じる要因を、一つひとつ取り除いていきましょう。

例えば野菜の鮮度。とれたてで新鮮な野菜や旬の野菜には、甘味やうま味もたっぷり。

旬の野菜を使うだけで、いつもの野菜料理がぐっとおいしくなります。野菜の鮮度は、色や見た目でわかります。例えばブロッコリーやピーマンは緑色が鮮やかで色が濃いもの、またずっしりと重く水分が多いものがいいでしょう。トマトは色づきがよく、ヘタの部分が濃い緑色のものを選びましょう。

青菜（ほうれん草）のゆで方

〈材料〉
ほうれん草　1袋
塩　　　　　小さじ1

〈作り方〉
❶ほうれん草は水で洗い、根元の土を落とす。
❷たっぷりの湯を沸かし、塩を加える。
❸沸騰しない程度の火加減にして、ほうれん草を1束ずつゆで、冷水に浸す。
❹熱がとれたら水気を切り、食べやすい大きさに切る。

〈ポイント〉
・火加減の目安はポコッポコッと小さい泡が立つ程度。
・ほうれん草は1束ずつゆでるのがポイント。
・根元を入れて10秒、葉を入れて5～10秒。ゆで過ぎに注意！

お役立ちメモ

青菜をゆでる時に使う塩。なぜ入れる？

新鮮な青菜は塩ゆでするだけで、野菜本来がもつ甘味が引き立ち、それだけで十分おいしくなります。塩を入れることで、沸点も上がり、ゆで時間も短縮。ゆで上がるまでの時間が短いので、色も鮮やかになります。

野菜をゆでるのは水から？　沸騰してから？

野菜は水からゆでるのか、沸騰してからゆでるのかは、野菜の種類によって変わります。土の中にできる根菜類はかたいものが多いので、水から入れてゆっくりと温度を上げていきます。土の上にできる青菜類は火の通りも早いので、沸騰してから入れましょう。

うちの子は野菜が苦手。
やっぱり野菜は食べた方がいい?

 小さい頃から、うちの子は野菜が苦手。
野菜は食べたほうがいいですか?

はい。好き嫌いはないほうがいいですね

 そうですよね

栄養素はチームワークではたらき、身体作りやエネルギー作りをします。いろいろな食材が食べられた方が栄養素を揃えやすいのです

 例えば身長を伸ばしたい時も?

骨の成長にも栄養素のチームワークが必要です

 特にピーマンが苦手なのですが

野菜は部位ごとのグループで栄養素に特徴があります。まずは同じ実野菜のグループで食べられるものを選んでみてください。味覚も成長するので、食べられるようになる時期を地道に待つことも大事です

POINT

好き嫌いは地道に克服しましょう。苦手な野菜がある時は、同じグループの中で食べられる野菜からチャレンジを

ジュニア期にしっかり食べたい野菜

野菜には、私たちの身体が必要としているビタミンやミネラルが多く含まれています。成長のチャンスを広げるためにも、いろいろな栄養素を揃えておきたいものです。例えばビタミンCは免疫力を高め、かぜをひきにくくします。また、しなやかで強い骨作りにもはたらきます。身体が成長する時期だからこそ、好き嫌いを少なくしていきましょう。

野菜は主に「根、葉、実」の部分に分けられ、それぞれ特徴的な力をもっています。野菜を摂る時はこの3つの部位を組み合わせることで、必要なビタミンやミネラルを摂ることができます。苦手な野菜がある時は、まず同じ部位の他の野菜から必要な栄養を摂りましょう。

野菜は部位ごとに組み合わせて

同じ部位の野菜には、似たようなはたらきがあります。まずは同じ部位のグループにあ

[根] レンコンが苦手
　　→ ごぼう、じゃがいも、大根
[葉] ほうれん草が苦手
　　→ ニラ、小松菜、ちんげん菜
[実] トマトが苦手
　　→ なす、ピーマン、パプリカ、果物

る、他の野菜を摂ることで、必要な栄養を補いましょう。

苦手な野菜は、食べやすくなる工夫を
生野菜が食べられない場合は、蒸したり焼いたりすると甘みがでるので食べやすくなります。また刻んでハンバーグやチャーハンの中に入れたり、肉巻きにして野菜を好きな食材で包むと、食べやすくなります。

お役立ちメモ

野菜ジュースは野菜と同じ？

野菜ジュースは、加工する段階で野菜本来がもっている栄養素の一部が失われています。またジュースにすることで、食物繊維も減っています。野菜そのものと同じではありません。ただし、忙しくて野菜が食べられなかった時には足りない栄養素を補うことができます。

苦手な人は果汁入りの野菜ジュースからスタート

野菜ジュースは、大きく分けて野菜100%のものと、果汁がブレンドされているものがあります。野菜が苦手な人は、果汁入りのタイプからトライしてみて、味に慣れたら野菜の割合が多いものに変えていきましょう。

Q39

練習中、あまり水を飲みません。よくないことでしょうか。

 練習に集中しすぎて、水分をあまり摂りません

子どもたちは脱水しやすいので、こまめな水分補給が必要です

 どうして脱水しやすいのでしょう？

身体が未発達で、大人と同じように汗の調節ができないので、すぐ脱水していまいます

 どのようにサポートしたらいいですか？

周りの大人が声をかけてタイミングを作りましょう

 水分量があまり飲めないようなのですが

飲むトレーニングができていないからですね。夏本番を迎える前に1回に5口飲む習慣づけをしましょう

 内容は？

運動中はスポーツドリンクを。日常的な水分補給は麦茶、果汁、牛乳などでOK。食事の際は汁物も活用して

POINT

汗腺機能が未発達のジュニア期は、夏以外でも水分をこまめに摂りましょう

季節を問わず気をつけたい、ジュニア期の水分補給

身体の 70% を水分が占めるジュニアたちも、汗腺数は大人と同じ。大人は汗などで体外に出る水分量が多くなると、尿量を減らして体液の濃度をコントロールすることができますが、ジュニアたちはこうした機能が未発達です。ジュニアは、身体が小さい割に体表面積が大きく、皮膚から水が蒸発しやすいので、大人以上に脱水症状に気をつける必要があります。夏以外の季節でも運動中は 15 分に 1 回、コップ 1 杯（150ml）の水分を摂りましょう。

運動中はスポーツドリンクを利用し、それ以外の水分補給は麦茶、果汁 100％ジュース、牛乳などで水分補給を。

また食事で汁物をつけたり、水分の多い果物や野菜を食べることでも水分を摂ることができます。

子どもは汗っかきではない

子どもは大人に比べて、体重のわりに体表面積が大きいです。熱を受けやすく、汗は蒸発しやすいため、気温が体温よりも高い環境になると、脱水になりやすいのです。

子どもの汗腺は密に存在していますが、汗腺から排泄される量は多くありません。実際に機能していないものが多いため汗がうまくかけないのです。

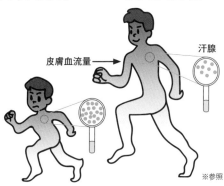

皮膚血流量 →　　　　汗腺

※参照：大阪国際大学　井上芳光氏

なぜ、人間は汗をかくの？

気温が上昇したり、体温が高くなった時に、皮膚から汗がでます。これは夏に打ち水をすると、涼しく感じるのと同じ。汗が皮膚の上で蒸発して熱が奪われることで、身体を冷やします。このおかげで、体温を一定に保つことができます。

こんな時にも水分補給を！

朝起きてすぐ　睡眠中に失った水分を補給します。起床後の 1 杯は大切です。全身にくまなく水分が届くことで、身体も目覚めます。

入浴する前後　身体が温まる入浴。汗もかくため、お風呂上がりは軽い脱水状態です。入浴前後に水分を摂りましょう。

Q40

→日常の食事編

お菓子やジュースは
食べたらダメですか?

どうやら練習後はお菓子やジュースを買うのが
ルーティーンになっています

おやつと補食は違います。毎日の習慣
になってしまうのはよくないですね

お菓子やジュースはダメですか?

なるべく摂らない方がいいです。お菓子やジュースは
エネルギーばかり高くて、ほとんど栄養分がありません

どんなものを選べばよいですか?

成長期に必要な栄養分を補える、牛乳、チーズ、
果物、焼きいもなどがおすすめです

お菓子やジュースを摂ってもいいタイミングは
ありますか?

特別な日のご褒美として摂りましょう

POINT

**お菓子は糖質と脂質が多いので、特別な日に。練習後は、
身体に必要な栄養が摂れるものを**

お菓子は心の栄養。食べる時間にも注意

スナック菓子やケーキなどのお菓子は、糖質と脂質が主成分です。たんぱく質、ビタミン、ミネラルなど、ジュニアたちの身体に必要な栄養素の摂取はほぼ期待できないので、こうしたお菓子は「エンプティカロリー」とも言われています。(Q13 参照)お菓子はあくまでも心の栄養と考え、特別な日に食べるようにしましょう。

またお菓子は、食事の代わりにはなりませ

ん。例えば血糖値が下がっている空腹時にケーキなどで糖質を摂ると、血糖値が一気に上昇し、血糖値をコントロールするホルモン(インスリン)が過剰分泌されます。このホルモンのはたらきによって糖の摂り込みが増えます。エネルギーとして使われなかった糖は脂肪として蓄えられ、体脂肪を増やす原因になります。スイーツを食べる時間帯にも、気をつけましょう。

食材本来がもっている自然な甘さを楽しんで！

お菓子やジュースに多く使われるようになった人工甘味料は、砂糖の 200 倍以上の甘味をもちます。

少量でも甘味がつけられ、カロリーが抑えられるなどのメリットはありますが、人工甘味料は甘さが強く、口の中に長く甘さが残ります。強い甘味に慣れてくると、だんだんと甘さを感じにくくなってしまいます。感覚を育てる時期であるからこそ、ジュニア期はなるべく食材本来が持つ自然な甘さのものを摂るようにしましょう。

自然な甘さを楽しめる補食
ドライフルーツ、干しいも、ミックスナッツ、甘酒、焼きいも

お役立ちメモ

炭酸飲料は糖分を考えながら飲んで！

手軽に買える炭酸飲料。甘さと爽快感が好まれ、暑い季節は特に飲みがちです。実は炭酸飲料(500ml)に含まれている糖分は 40g以上。角砂糖で 10 個以上になります。糖分を考えながら飲みましょう。

混ぜるだけ！ 炭酸水のジュース

市販の炭酸水を使えば、ほんのり甘くシュワッとした爽快感のある炭酸飲料を、手作りができます。混ぜる割合は、果汁 100％ジュース：炭酸水を 3：1 がベスト。お好みではちみつやレモンを加えながら、甘さや酸味を調整しましょう。

どうしても甘いものが食べたい！
欲求が抑えられない時は？

うちの子は練習後、お菓子やジュースなど
甘いものばかり食べます

練習後、いつもですか？

はい。甘いものがやめられないみたいです
練習で疲れているんだろうとは思いますが……

それは、たんぱく質不足のせいかも？
たんぱく質不足で疲れやすくなると、すぐに
エネルギーになる糖分を欲してしまうのです

たんぱく質不足？
肉や魚を食べているつもりですが、
もっと食べる量を増やすのは大変です

運動量によって、たんぱく質の必要量は変わります。
チーズ、ヨーグルト、ゆで卵などもOK。補食で、
たんぱく質の量をアップしましょう

POINT

**甘いものがやめられないのは、たんぱく質不足のサイン。
補食でしっかり摂って！**

たんぱく質不足のサインを見逃さないで！

たんぱく質は、筋肉や骨、血液、皮膚、髪の毛など、身体を構成する成分です。また身体を機能的に動かすためのホルモンや免疫細胞の材料になるなど、あらゆる身体作りのために使われている栄養素です。たんぱく質が不足すると、身体の機能そのものが低下するため、疲れやすくなったり体調を崩しやすくなります。身体は疲労感を感じると、すぐにエネルギーになる糖分を欲するようになるので、「甘いもの」が食べたくなります。甘いものが無性に食べたい時は、まずは3食のたんぱく質量を見直してみましょう。

たんぱく質は、肉や魚の他にも大豆製品や乳製品、卵にも含まれています。補食で鮭おにぎりや卵サンドを選んだり、チーズやヨーグルトを添えることで簡単に補うことができます。

こんな朝食になっていませんか？

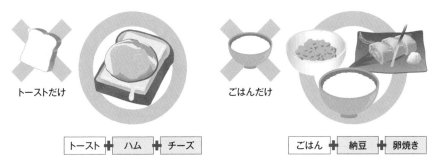

トーストだけ

ごはんだけ

トースト ✚ ハム ✚ チーズ

ごはん ✚ 納豆 ✚ 卵焼き

補食におすすめ、たんぱく質が摂れる食品
牛乳、豆乳、チーズ、ゆで卵、ヨーグルト、鮭おにぎり、卵サンド、肉まん

お役立ちメモ

どうしても甘いものが食べたい時に

たんぱく質を補ってもどうしても甘いものが食べたい時には、白い砂糖ではないものを賢く利用しましょう。果物や豆には糖質以外にもビタミン、ミネラルが多く、栄養価もプラスになります。
おすすめ食品
ドライフルーツ、冷凍フルーツ、フルーツグラノーラ、煮豆、麹甘酒、高カカオチョコレート

おすすめの食べ方

・**シリアルヨーグルト**
シリアルの甘さとザクザク食感が満足感を高めます。フルーツトッピングもおすすめ。
・**フローズンヨーグルト**
ヨーグルト、冷凍フルーツ、はちみつを混ぜて冷凍してアイスの代わりに。

揚げ物が大好き。
身体によくないですか？

家族全員、揚げ物が大好き
やっぱり身体によくないですよね？

頻度が多いのはよくありません

なぜ良くないのでしょうか？

油は熱を加えることと、空気に触れることで酸化
します。この酸化した油がよくありません

どうしてですか？

酸化した油は質が悪くなり、細胞を傷つけて炎症を
広げたり、疲労回復を妨げることがあります

揚げ物は食べちゃだめですか？

週1～2回に留めましょう。新鮮な油を使い、
揚げたてを食べてくださいね

POINT

酸化した揚げ油は細胞を傷つけるため疲労回復が遅れます。
頻度を抑え、新鮮な油を使い、揚げたてを食べましょう

知っておきたい、揚げ油のこと

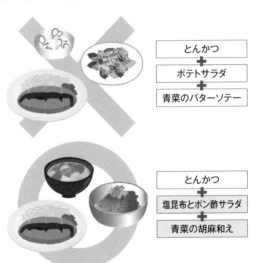

揚げ物で使う油は、加熱することで酸化され、一部が活性酸素や過酸化脂質という有害物質に変化します。身体の中に入ると細胞にダメージを与えて、炎症反応を起こします。長期間にわたって大量に摂り続けると、病気などを引き起こすリスクも上がるので、ジュニア期のアスリートたちが毎日のように揚げ物を食べ続けることはおすすめしません。

どうしても食べたい時は、新鮮な油を使って揚げたてを食べること。週2回を目安にしましょう。

揚げ物を食べると太るイメージですが、油に限らず、たんぱく質や糖質も必要以上に食べると脂肪となって身体の中に蓄積されます。身体に必要な量をバランスよく摂ることを心がけましょう。

揚げ物の日は、他の料理で使う油を減らそう！

バター、マヨネーズ、ドレッシングには、脂質が多く含まれています。主菜が揚げ物の時は、副菜に使う油の量を減らしたり、油を使わなくてもおいしくなる工夫をしましょう。ポン酢、ノンオイルドレッシング、めんつゆ、塩昆布、すりごま、粉チーズなどを利用するとノンオイルでもおいしく味付けができます。

とんかつ
＋
ポテトサラダ
＋
青菜のバターソテー

とんかつ
＋
塩昆布とポン酢サラダ
＋
青菜の胡麻和え

お役立ちメモ

少ない油で調理できるフライパンを選ぼう！

フッ素樹脂加工のフライパンなら、食材がこびりつきにくく手入れも簡単。少量の油や食材自体が持つ脂だけで、「焼く」「炒める」調理法ができます。

弱火で食材の脂が溶け出るように調理するのがポイント。

油の使い分け

意外と使ってしまう油に注意。ひじきの煮物、炒め煮などの場合、ついつい油を加えて炒めるという工程を踏みがちです。煮物は直に煮てしまってOK。主菜に油を使いたい場合は、副菜で油を極力使わないようにすることが使い分けのポイントです。

外食する時は、
どんなことに気をつけたらいいですか?

外食をする時は
どんな店に行けばいいですか?

その時の食事によりますね
それは食事ですか? それとも補食?

夕食を摂ります

それなら主食、主菜、副菜が摂れる
ファミレスや定食屋のイメージです

補食の場合は?

ファストフードでも OK 選ぶメニューに気をつけましょう

POINT

**外食するのは、食事なのか補食なのか。タイミングに
あわせて、店選びをしましょう**

栄養バランスを考えながら、メニューを選ぶコツ

外食をする時は、食べる食事のタイミングによって選ぶ店が変わります。食事を外食する時は、主食、主菜、副菜が摂れる店を選びます。ファミリーレストランや定食屋のような店であれば、自由にメニューを選ぶことができます。もし特定の料理しかない専門店ならば、サラダや豚汁などのサイドメニューをプラスしたり、食事で摂れなかった栄養を補食で補いましょう。

軽食（補食）の場合は、ファストフードやコーヒーショップになりますが、選ぶメニューに注意が必要です。フライドチキン、ドーナツ、フライドポテトなど揚げ物のメニューは、脂質が多くなりがちなので、ハンバーガーなどシンプルなメニューに野菜ジュースや果汁100％ジュースをプラスしましょう。

外食で選びたいメニュー

ファミリーレストランまたは定食屋

単品メニュー
（丼物、スパゲティ）
→ この場合はサラダ、豚汁などを
　プラス

定食スタイル

ファストフードまたはコーヒーショップ

フィッシュバーガー、
フライドポテト、フライドチキン、
ドーナツ

シンプルなメニュー
（ハンバーガーやサンドイッチ）
→ 果汁100％ジュース、
　野菜ジュースなどを添えて！

お役立ちメモ

不足した栄養素はコンビニでチャージ！

外食で摂りきれなかった栄養素がある時は、帰りにコンビニに立ち寄り、不足している栄養素が入ったものを補食として食べてもいいでしょう。レジ横にあるコロッケやから揚げなどの揚げ物は、できるだけ避けて！

意外と野菜が摂れるファストフードも

外食の中でも特にファストフードは野菜が不足するイメージですが、最近ではサラダや野菜スープがサイドメニューで選べる店舗もあります。また肉の代わりに大豆をパティにしたり、バンズがレタスになっている店もあります。上手に利用しましょう。

コンビニを利用する時は
どんなことに気をつけたらいいですか?

 帰宅が遅くなる時、コンビニで食事を買います
何に気をつければいいですか?

食事なのか、補食なのかで違います

 食事の時は?

主食、主菜、副菜を揃えるイメージで
組み合わせましょう

 補食の時は?

3食で摂れなかった栄養素を摂るのが原則。
たんぱく質をここで摂ることもできます、
肉まんや焼き鳥を選んでみるのも OK

POINT

タイミングにあわせて、食事または補食になるメニューを選びましょう

コンビニでもバランスよく栄養を

コンビニを利用する時も、外食と同じです。食べたいタイミングが食事なのか軽食（補食）なのかによって、選ぶメニューが変わります。食事の時は、主食、主菜、副菜が揃うようなイメージで選びます。お弁当の場合はカツ丼や天丼のような単品メニューではなく、幕の内弁当のようにさまざまな種類のおかずが食べられるものを選びましょう。サラダやゆで卵などをいくつか組み合わせることで、栄養バランスが整います。

軽食（補食）の時は、レジ横のホットスナックは避け、用途に合わせた栄養補給ができるものを選びましょう。

コンビニのお弁当や外食が続くと、栄養の偏り、野菜不足、塩分や脂質が多くなる傾向があります。そういう時は、食べる品数を多くしたり、サイドメニューで足りない栄養を補うことを習慣にしましょう。

コンビニごはんの選び方

コンビニで食事を選ぶ時は、お弁当だけを買うのではなく、野菜が入った具だくさんスープやサラダ、ゆで卵、デザートの果物などをプラスしましょう。

陳列棚を親子でチェック！

ジュニアたちは、自分がよく食べるお菓子棚は覚えていても、自分の身体に必要な栄養が摂れる商品がどの棚にあるのかまで意識しているとは限りません。栄養の偏りを防ぐためには、何を食べたらいいのか。時間のある時に、親子でコンビニをチェックしてみましょう。

夜遅く食べる時は、消化の良いメニューを

コンビニで食事を選ぶ時でも、夜遅く食べてすぐに寝る場合は、胃腸に負担がかからないものを選びましょう。
おすすめ食品
茶碗蒸し、うどん入りの鍋物、おでん、おかゆ、具だくさんスープ

サプリメントは、
絶対に摂ったほうがいいですか?

 まだ小学生ですが、サプリメントは摂ったほうがいいですか?

目的を見極めて必要かどうかを検討しましょう

 目的とはどういうことですか?

サプリメントは大きく2つに分類できます。ひとつは、食事で不足する栄養素を補う。もうひとつは、競技力の向上を目的としたものです

 どう使い分けたらいいのでしょうか?

ビタミンやミネラルのタブレットやプロテインなどは食事がきちんと摂れていれば、あえて摂る必要はありません

 競技力の向上を目的とする方は必要ですか?

こちらは検討してみてもよいでしょう。特に疲労回復を目的とした運動直後の栄養補給を、食品で行うことは難しいので、サプリメントをおすすめしています

POINT

サプリメントは大きく分けて2種類。目的にあわせて使いましょう

サプリメントの役割とは

　サプリメントとは、機能性食品や飲料のことです。大きく分けて２種類あり、競技力そのものを向上させるための「エルゴジェニックエイド」と、毎日の食事で不足している栄養を補うための「ダイエタリーサプリメント」があります。特にエルゴジェニックエイドは運動のタイミングにあわせて摂るため、科学的な根拠に基づいたものであることを確認しましょう。

　サプリメントをたくさん摂取すれば、身体にとって良い効果があるというわけではありません。また年齢や競技、練習内容によって、一人ひとりの身体に必要な栄養素量は変わります。身体が成長しているジュニアたちの場合は、なぜその栄養素が必要なのか、その栄養素を補うためにはどういうタイミングで摂ることが適しているのかを理解し、サプリメントを目的にあわせて利用しましょう。

エルゴジェニックエイド

トレーニングの一環として摂るもの

　運動中の水分補給や運動直後にサプリメントを摂ることで、ダメージの回復を早めたりパフォーマンスを高めることができます。科学的根拠に基づいて導き出されているものなので、パッケージに表記されている分量を守って摂りましょう。

ダイエタリーサプリメント

日常の食事で不足する栄養素を補うもの

　日常の食事からの摂取量を確認し、不足している栄養素がある時に補うためのもの。ジュニア期のアスリートは、食事と補食から身体に必要な栄養を摂ることが原則ですが、身体の要求量に間に合わない時や遠征先などで、バランスのとれた食事を摂ることが難しい時に利用しましょう。

お役立ちメモ

サプリメントは摂り過ぎに注意

　サプリメントは必要以上に摂っても、効果が上がるわけではありません。逆に身体に悪影響を及ぼすこともあります。複数の種類を摂る場合、成分が重複しているケースもあるので、判断できない場合は、専門家に相談しましょう。

サプリメントの成分に気をつけて

　アスリートがサプリメントを使う時に注意しなければいけないのが、ドーピングの問題です。サプリメントや健康食品の中には、表示されていない成分が含まれている場合があります。ドーピングにあたる禁止物質を摂らないように、慎重に判断しましょう。

[付録] 成長期は何をどれくらい食べたらいいのか、ひと目で分かる！

年齢別エネルギー必要量　活発に運動をする場合は活動レベルⅢになります。

性別	男性			女性		
活動レベル	Ⅰ	Ⅱ	Ⅲ	Ⅰ	Ⅱ	Ⅲ
8〜9（歳）	1,600	1,850	2,100	1,500	1,700	1,900
10〜11（歳）	1,950	2,250	2,500	1,850	2,100	2,350
12〜14（歳）	2,300	2,600	2,900	2,150	2,400	2,700
15〜17（歳）	2,500	2,800	3,150	2,050	2,300	2,550

出典：日本人の食事摂取基準 2020 年版

1 日 2500kcal 摂りたい時の食品の目安量

ジュニア期のアスリートが 1 日で摂りたい食品 2500kcal の一覧表です。2500kcal でこれだけのいろいろな食品から、たくさんの栄養を摂れることが、これでひと目で分かります。年齢とともに摂取カロリーも変化します。上部の「年齢別エネルギー必要量」の表で、家族と見比べながら、食品の組み合せのヒントとして、食事の摂取カロリーの目安として、ご活用ください。

食品群	重量（g）	摂取量の目安
穀物	350g	ご飯（200g 盛）× 3 杯 おにぎり 1 個（90g）
肉類 魚介類 卵	200g	卵 1 個(50g)、肉 80g、魚 1 切（70g）
豆類	100g	納豆角パック（40g） 豆腐 1/6 丁（60g）
乳類	500g	牛乳コップ 2 杯 ヨーグルト 1/4 パック（100g）
芋類	80g	じゃが芋中 1 個（80g）
緑黄色野菜	150g	ミニトマト 2 個（20g） ブロッコリー小房 2 切（20g） ほうれん草 2 茎（40g） 人参 1/4 本（20g） かぼちゃ 1/16 個（50g）
その他の野菜 藻類 きのこ類	220g	キャベツ 1/8 個（100g） きゅうり 1/4 本（25g） もやし 1/4 袋（50g） 玉ねぎ中 1/4 個（50g） ひじき小鉢 1 食分（4g） しめじ 1/6 パック（15g）
果実類	200g	バナナ 1 本（100g） キウイ 1/2 個（40g）、みかん 1 個（60g）
砂糖類	15g	大さじ 2 弱（15g）
油脂類	15g	大さじ 1（12g）

ビタミン・ミネラルの一覧

脂溶性ビタミン

種類	はたらき
ビタミン A	目の健康を守り夜盲症の予防 皮膚や粘膜の免疫力の維持 チーズ、レバー、モロヘイヤ、カボチャ、緑黄野菜　など
ビタミン D	カルシウムやリンの吸収促進 骨や歯の成長促進 血中カルシウム濃度の調節 しろ鮭、さんま、いわし、きのこ類　など
ビタミン E	抗酸化作用で老化を予防 カボチャ、アーモンド、うなぎの蒲焼き、ひまわり油　など
ビタミン K	血液の凝固因子の生成 骨の形成 納豆、干し海苔、ブロッコリー、ほうれん草、肉類　など

水溶性ビタミン

種類	はたらき
ビタミン B1	補酵素として糖質代謝に関与 神経機能を正常に保つ 牛乳、豚ひれ肉、玄米、大豆加工品など
ビタミン B2	補酵素として3大栄養素の代謝に関与、成長促進 レバー、うなぎ、牛乳、納豆、卵　など
ナイアシン	補酵素として3大栄養素の代謝に関与、皮膚の健康の維持 かつお、たらこ、レバー、豆類、緑黄野菜　など
ビタミン B6	補酵素としてアミノ酸の代謝に関与、皮膚や粘膜の健康維持 かつお、まぐろ、レバー、バナナ、ニンニク　など
ビタミン B12	赤血球を作る、神経機能の維持 レバー、貝類、いくら
葉酸	赤血球を作る 胎児の発育に不可欠 レバー、菜の花、ほうれん草、緑茶、卵黄　など
パテントン酸	補酵素として3大栄養素の代謝に関与、皮膚や粘膜の健康維持 レバー、納豆、卵、魚介類、モロヘイヤなど
ビオチン	補酵素として3大栄養素の代謝に関与、髪や皮膚の成長維持 レバー、ほうれん草、いわし、卵、落花生　など
ビタミン C	抗酸化作用で免疫の維持 コラーゲン合成に関与 赤ピーマン、キウイ、ブロッコリーなど

主要ミネラル

種類	はたらき
イオウ	皮膚・髪の毛・爪などを作る 酵素の活性化 ニンニク、肉類、卵、　など
塩素	胃液中の成分、殺菌 食塩、梅干し、醤油　など
ナトリウム	血液・体液の浸透圧を調整 筋肉や神経の興奮を抑える 食塩・醤油・味噌　など
カリウム	血圧の上昇を抑制、利尿作用 昆布、大豆、ほうれん草、アボガド　など
マグネシウム	骨や歯を強くし、酵素の働きを助ける 神経の興奮を抑制 アーモンド、カシューナッツ　など
カルシウム	骨・歯を作り、神経の興奮を抑える 干しえび、水菜、厚揚げ　など
リン	骨・歯を作り、糖質の代謝を助ける 小魚、乳製品、大豆製品

微量ミネラル

種類	はたらき
鉄	赤血球のヘモグロビンの成分 レバー、ひじき、厚揚げ　など
亜鉛	生殖機能を高め、ホルモン合成を活性化 牡蠣、牛もも肉、豚レバー　など
銅	ヘモグロビン生成を助ける レバー、魚介類、ココア　など
マンガン	骨や関節を作り、糖質や脂質の代謝に関与 抹茶、ごま、玄米　など
ヨウ素	発育を促進、基礎代謝を高める 海藻類、いわし　など
セレン	抗酸化作用、がん予防 いわし、ホタテ、カレイ
モリブデン	肝臓や腎臓において、老廃物を分解 落花生、枝豆、レバー
クロム	糖や脂質の代謝を高め、糖尿病を予防 ひじき、青海苔、胡椒
コバルト	ビタミン B12 の成分、血液を作る 貝類、海苔、煮干し

監修　石川三知

Office LAC-U代表。

八王子スポーツ整形外科栄養管理部門スタッフ。中央大学商学部兼任講師。

荒川静香選手、高橋大輔選手（フィギュアスケート）、競泳、陸上短距離、新体操日本代表、全日本男子バレーボールチームなど、これまでに、多くのオリンピック、世界大会メダリストや、Jリーガー、海外を拠点に活躍する選手を食事、栄養面からサポート。

著書に「最新版：スポーツ選手のための食事400レシピ」（学研パブリッシング）、「決して太らない健康なカラダに！食の法則1:1:2のレシピ」（マガジンハウス）などがある。

著者　阿部菜奈子

Office LAC-U。管理栄養士。これまでに東海大学陸上部（短距離）、全日本男子バレーボールチーム、専修大学アメリカンフットボール部、村上佳菜子選手（フィギュアスケート）、中央大学強化選手などの栄養サポートを担当。

また、書籍、雑誌等、多くの料理ページにて、レシピ開発、料理制作を担当。全国でジュニアアスリート、保護者、指導者むけ栄養セミナーの講師としても活動。石川氏との共著に「最新版：スポーツ選手のための食事400レシピ」（学研パブリッシング）がある。

参照書籍（著・石川三知）

「身体を引き締める食べ方1:1:2 フィギュアスケーター高橋大輔を変えてきた食事パターン」（マガジンハウス）
「決して太らない健康なカラダに！ 食の法則1:1:2レシピ」（マガジンハウス）

勝てるアスリートの身体を作る栄養学と食事術

2020年3月31日 初版第1刷発行

監　修	石川三知（Office LAC-U）	発行者	滝口直樹
著　者	阿部菜奈子（Office LAC-U）	発行所	株式会社マイナビ出版
協　力	大島夕佳（Office LAC-U）		〒101-0003
執　筆	富田チヤコ		東京都千代田区一ツ橋2-6-3 一ツ橋ビル2F
編　集	岩井浩之（株式会社マイナビ出版）	TEL	0480-38-6872（注文専用ダイヤル）
	株式会社ナイスク（https://naisg.com/）		03-3556-2731（販売部）
	松尾里央 岸正章 大島伸子		03-3556-2735（編集部）
イラスト	有限会社アドプラナ	e-mail	pc-books@mynavi.jp
デザイン	沖増岳二／小澤都子	URL	https://book.mynavi.jp/
		印刷・製本	株式会社大丸グラフィックス

※価格はカバーに表示してあります。
※落丁本、乱丁本についてのお問い合わせは、TEL0480-38-6872(注文専用ダイヤル)か、電子メール sas@mynavi.jp までお願いいたします。
※本書について質問等がございましたら、往復はがきまたは返信切手、返信用封筒を同封のうえ、(株)マイナビ出版編集第2部書籍編集1課までお送りください。お電話でのご質問は受け付けておりません。
※本書を無断で複写・複製(コピー)することは著作権法上の例外を除いて禁じられています。